教育叢書01

教孩子正確的價值觀

琳達與理查・愛爾著
枳　園譯

目錄

寫在前面

我們住在英國那年，就在我將開始寫本書之際，有一天參加了我有四個孩子就讀的薩里公校的一項集會，在英國的這種靠捐款與學費維持的貴族學校事實上就是英國學校的教會。那天的集會討論的有容忍、獨立性、誠實、與有些事跟以往不一樣了的事實。跟每天的課堂上一樣，也包括聖詩與禱告，在禱告過後，女校長邀我們下週再來參加復活節的特別集會。

按星期日上教堂的人口與比例，這學校教會算不上什麼，不過，以它的影響力而言，卻是一股很可觀的道德力量——從最小型的學校至國會，英國人都被提醒時時注意其價值觀與道德。

回到家，翻開新到的「今日美國」，社論的標題是：學校內價值觀的爭論。辯論的一方引用了雷根的話：「我們從未期望孩子自己去發現微積分的定理，可是有些學校卻不肯在倫理、道德、與價值觀方面予以任何指導。」專欄作家威廉・瑞斯伯里說：「在把宗教趕出學校的熱情下，也把道德驅逐出境了。」

辯論的另一方所持的理由是：「教道德已超越了我們的能力，我們將遵循誰的呢？」從「美國青少年」期刊上引用的話更令人震驚：「太嚴格的良心會使你與衆不同，不得人緣，而這種感受不是健全的人格應有的。」

還有別的文章，其中一篇談到在一所高中所作的調查，問題是：把內有一千元美金的錢包還給失主是對還是錯？結果大部分學生的答案是：還回去是傻瓜。另有一幅卡通，內容是剛砍倒了櫻桃樹的少年時的華盛頓，正對父親說：「爸爸，我們老師說不能撒謊，我不能說實話，也弄不懂其中的不同。」

我把報紙放在一旁，開始思索這問題，想在英國或其他把宗教與政府聯結成一體的先決條件，又想到美國的情況，覺得美國政府把國家與宗教分開談的政策是對的，因爲在一個像美國那樣各種宗教並存的情況，實在別無他法，不過，也同意瑞斯伯里「禁止在校內教宗教可能連帶也禁止了教道德」的說法。

想到琳達與我即將動筆的這本書，我不由得高興起來，深覺這本書正是切合時代所需，因爲即使像英國那樣學校裡，把教宗教與道德列爲必要教學的內容，孩子們除非在家中從父母的榜樣以及刻意的教誨中很難眞正學得道德。

——理查

現在，這本書已經在你的手中了——如果你對價值觀不感興趣，如果不覺得教養孩子時需要教價值觀，你必不會拿起這書。如此說來，我們在很多方面有共同點了：對價值觀感興趣、關心教養孩子的問題、而且急欲爲孩子培養起堅定的性格，幫助他們能抗拒社會上、同伴們的某些否定性的影響——對父母而言，沒有什麼目標比這還重要的了！

這不是一本宗教性的書，這是一本意欲幫助父母弄清自己的價值體系，而選出教孩子的基本價值觀的書。價值觀是個人的，而這是一本非常個人化的書，裡面列舉了很多個人的故事與偶發事件，再加上我們提出的建議與構想，綜合起來，可表現出我們孩子的價值體系——我們試著教養孩子而且效果還滿不錯的方法。

你的價值體系可能跟我們的類似，也可能不同，那都不要緊，我們覺得，重要的是父母自己擬定家庭的價值觀，而努力教給孩子，家庭將永不會、也不應該、也不可能爲任何可教基本價值觀的機構所替代。

孩子們長大後大多會發展出他們自己的價值觀，可能跟你教給他們的不盡相同，不過，至少他們會有一個起始點，而且有所依據與比較。如果孩子成長於一個道德的眞空狀態中——沒人教，沒學過——他們將任憑環境與情況左右，永遠沒能把握自己的生命。

至於其他可教價值觀的機構——學校、教會、童子軍……可能有用，不過，討論究竟應由誰來教、在什麼地方教等問題並不是我們這本書的宗旨，我們的主旨是在家的範圍內教價值觀。

我們所面對的問題是先決定我們想要教給孩子的價值觀究竟是什麼，然後找出可行而有效的方法。

這是本有目標有方法的書，其中有十二種我們認爲大部分父母會贊同的價值觀，建議你每個月強調一種，可在一年中教完，方法都是經過實驗證明有效的。雖然我們曾十分小心，避免使用宗教字眼，帶有宗教色彩，有時爲了文意所需還是用了，對此，尙希讀者能體諒，而存著明瞭我們的原意就夠了的態度讀下去。下面的一些定義也請牢記在心：

價值觀：行爲的標準，那種形成我們是何種人、如何生活、及如何對待別人的心靈與思維的態度。

道德：固有的正確行爲方式，有助於人，不會傷人。

傳統：透過時間考驗，古老而不過時，有佐證卻不偏狹。

本書所提供的方法不只經由我們家庭的試驗，而且也為「後記」中所提到的「家庭基地」組織中的成員所採用，證實有效，希望這些方法對你也有效。

——琳達與理查・愛爾共識

導言

在未談主題之前，讓我們先花一點時間來討論幾個基本問題：爲什麼要教孩子價值觀？何時教？由誰教？在什麼地方教？還有：教什麼？如何教？尤其是後兩者，可說是本書的重點，不能不注意。

爲什麼要教孩子價值觀？

因爲我們的父母曾經試著教導我們。

因爲價值觀是一種傳統。

因爲使我們的社會安全而蓬勃發展的就是價值觀。

因爲我們相信價值觀。

因爲價值觀是正確的。

因爲從研究顯示，有道德與價值觀作根基的行爲可幫助孩子培養自主、獨立、又自信的性格。

也許這些都是正確的答案——至少大部分是，不過，還有一個更好的理由，一個世界性的，超越所有上面所提出的理由，那就是：我們之所以要教孩子價值觀，是因爲那是我們爲幫助孩子幸福快樂所能做的最有效最有意義的事。

古人留下來的智慧教導我們：個人或團體的快樂跟以道德作規範的行爲有密切的關連。不同文化背景中的聖哲留下的教訓基本上都相同，並不是巧合；歷史上羅馬帝國的衰亡與道德的淪喪脫不了干係，正如我們隨時可以覺察到有些人在沒了行爲原則之際同時也失去了心靈的安寧。

不錯，孩子們可以從挫折與錯誤中，學習這種以價值觀規範行爲與個人的快樂之間的關係：不道德的行爲所導致的失敗與不快可以教訓他們改變自己，可以從自身痛苦的經驗中獲取教訓，學習道德，培育自己的價值觀；只是，一個人的生命太短暫，沒法從頭來體驗領會所有這種價值觀與快樂之間的關連，所以，我們做父母的必須把我們已經知道的傳授給他們。

愛默生說得最最恰切：

原因與影響是事實的兩面，
每一樁祕密都已說出，
每一件罪惡都得到應得的懲罰，
每一個錯誤都予以修正，
——默默地，確定地。
原因與影響，
方法與結果，
都不能分隔，
因爲影響已在原因中綻放，
結果早已預存於方法裡，
果實原就存在於種子內，
——滿足與快樂的果實原就存在於清楚而堅定的價值觀中。

所以，爲什麼教孩子價值觀？因爲是他們的幸福所繫。

何時教？

六十年代的「放任式教養方法」已造就成一代打破好多項紀錄的年輕人：濫用毒品、離婚、自殺、不快樂……

這種也被稱爲「自由式」或「民主式」的教養方式中的教條之一就是「在孩子未能選擇自己的價值觀之前避免教孩子道德價值觀。」

這眞是天大的、有嚴重後果的錯誤！就好像把一隻毫無動力的小船放入驚濤駭浪的急流中，而希望它能幸運地被沖進安全的港灣！

不管父母有沒有幫忙，孩子們在進入學校之前都會開始建立他們自己的價值觀——不管是有意識的或下意識的。他們部分學自朋友，部分學自電視，不過，大部分是學自家庭。進了學校，他們考驗、發展，也改變他們的價值觀，待接近青春期，他們掙扎著尋求自主，開始建立他們自己的價值觀，通常是獨立的，不過並不見得是全然不同於他們的父母的。

假如父母不教他們，他們會在下意識中覺得價值觀並不重要，如果父母重視並蓄意地幫助、教導、且以身作則，這種個人價值觀的發展過程將容易而好得多。他們可能仍然發展出他們自己的價值觀，不過，會是由於父母使他們感覺到這是他們的發展過程中重要的一環。

在本書中，我們提供給父母的是一種積極性的教養計畫——一種有目標的，可行性極高的教養方式：每一個月針對某一特定目標而努力。我們將提供觀念與方法，幫助父母們在一個月中運用各種方式，單單專注教導孩子對一種德行的價值觀，總共提出了十二種重要的德行。

在每一個「月」的開始，我們先提出有關的案例，然後解釋教導學前兒童的方法：通常是運用故事、說明、與詩歌等幫助這年齡的小孩抓住此德行的性質與崇高處，也包括對符合此德行的行爲的讚美與強調。

然後是教導小學兒童的方法：強調遊戲、獎勵、記憶、及能吸引這年齡孩童的故事。

最後是針對青少年期的孩子而設計的更進一步的方法：以討論、扮演，意見與經驗的交換爲主。

所以，何時教孩子價值觀？隨時。也就是：從現在開始，不要間斷。

在什麼地方教？

學校裡是否該教道德？在美國是個衆說紛紜的爭議，相當有趣，不過有點離題。問題是孩子在家裡所受的教導，不管是正面或是負面的，都比在學校裡或任何組織機構裡所得的教益有更深遠的影響。首先，至少父母比學校有早五年的機會，再說，至少在孩子十四五歲前，父母擁有更多更有決定性的影響力。

事實是如此，而且應該如此：家庭是基本的教育機構，父母有基本的責任，而從教導孩子正確的價值觀所獲致的快樂是深遠持久的。

何處教？

在家裡。

由誰教？

很多做父母的，滿懷愛心，也很想克盡父母之職，不過對教養子女仍然犯了採用「包商制」的方式。就好像包商在蓋房子時把實際的工作讓木匠、水泥匠、水電工、……來承包一樣，他們希望學校的老師、童軍領隊、牧師、夏令營的指導員、音樂教師、還有輔導人員等承擔下締造孩子的道德價値觀的偉大工程。

不過，效果並不好。

這些承包者與他們所屬的機構可能補充、支援、擁護做父母的，不過，要求或期望他們做得更多，就是推卸責任了，而效果當然不好。

所以：由誰來教？

父母？

誰？

你。

教什麼？

世上有所謂宇宙性的價値觀？無條件、永不改變、且無派別的道德？有其固有的正確性，而且毫無疑意地被認爲是好的行爲與觀念的標準？

我們曾經苦思這些問題——不是像哲學家企圖尋出創造一種宇宙性的價値體系，只是站在父母的立場急欲弄淸楚我們所認爲關係重大的，以及我們希望敎給孩子的關係重大的。身爲作者，我們苦思價値觀的定義，苦思價値觀與單純的特性或性格的分野，也費盡心思開出一張包括別的父母會同意、了解、擁護，且願教導孩子的價值觀的清單。

這的確是相當艱辛的工作，不過，總算完成了。當然，我們並不至天眞到自以爲我們開出的清單正是每一個人的所需；事實上，價值觀是個人的主觀，所以，在此我想再次強調一下：本書的目的不是要說服讀者相信某一種德行或價值觀，而是旨在幫助父母們懂得如何教孩子們他們所選定要教給孩子們的德行或價值觀。

當你讀著我們苦思所得的定義、準則與清單時，同時運用你的思想，利用這機會，再次評估你自己的價值觀與有關這方面的想法。記得，當你這樣做時，目的不是評斷你自己，而是在找出你現在的看法與想法：哪些德行會爲孩子的生命帶來快樂？很可能有些德行你自己並未實踐，有些標準你自己從未達到，可是你希望自己的孩子能實踐，能達到。這並不是虛僞，我們都希望孩子們青出於藍，比我們強，希望他們從我們的經驗中攝取教訓——我們自以爲做得不錯的或我們現在必不會那樣做的經驗。

所謂價值觀的定義是什麼呢？

眞正的，世界性的價值觀應該是能夠導致施者與受者皆蒙其惠的。是一種裨益於人或防範危害，或兩者兼備的原則，在本書中所列出的十二種價值觀，都符合這定義。

我們找到的準則呢？

爲了有別於各種也是有益的特質、貢獻、或性格，我們給價值觀定以附加的準則：價值觀是一種素質，具有即使不斷付出仍然能夠繼續不斷地增加，與付出的愈多，回收的應愈多兩種特質。

例如：誠實被我們訂爲一種價值觀，因爲它對施者與受者皆有益。像愛、仁慈、公正……也是。這些素質也符合我們所訂的準則，因爲即使我們給了別人，自己還會擁有，而給的愈多，也會從別人那裡得到更多。

像野心、數學天賦、美貌、財富、追求目標的才能等特質也是積極性的、有用的、或令人愉悅的，不過，並非是宇宙性的價值觀——野心與目標只是對個人有利，並不是總是有利於他人：財富並不會隨著施與而增加；美貌、數學才賦，即使能給予，卻沒法回收。

現在來談談我們列出的清單：

首先再看一次在目錄中列出的十二種價值觀及其簡短的定義，看看它們是否符合我們所訂的定義及準則，更重要的，看看它們是否符合你的要求——是否正是你想要教給孩子的。

在現今的社會中，有太多是涉及「得」的，而價值觀卻是「是」與「付出」的。我們最眞實的自我是由我們「是」什麼，與「付出」了什麼而形成，而不是「有」什麼。而決定孩子的價值觀，影響他們將成長爲什麼樣的人，會付出什麼的是「我們是什麼樣的人」，「要給予他們什麼」。

我所選出的這十二種價值觀中，有一半屬於所謂「本質的」，因爲它們是一種決定我們如何行爲、如何對待別人的本質；另一半，我們稱之爲「付出的價值觀」，因爲它們是以給予爲始，繼之影響我們的本質的。當然這種分類並不是截然地，兩類價值觀彼此相會、重疊、融合。像誠實、勇敢、平和、自恃等本質的價值觀，在獲致的同時也付出——在本質上孕育發展時也在行爲上表現出來；而像尊敬、愛、忠心、無私、仁慈等付出的價值觀，在實踐時也培育增進了這種特質。

我們所以如此分類，只是爲了定一個起始點——在實踐自律、自恃、平和等本質價值觀時，是從本身內裡做起；而實踐愛、感性、憐憫等是從給予別人做起。不過，這種給與受，成長與分贈的界限很快就模糊了，混淆了，不久，我們會在內裡培養起愛與尊敬的素養，透過自身的表現，把紀律、平和等特質傳給別人。

下面的目錄可以清楚地看出這種起始點與動向：

本質的價值觀	付出的價值觀
誠實	
勇敢	
平和	
自恃（發揮潛能）	
自律（節制）	
忠貞（貞操）	
	忠誠（可靠性）
	尊敬
	愛
	不自私（感性）
	仁慈（友善）

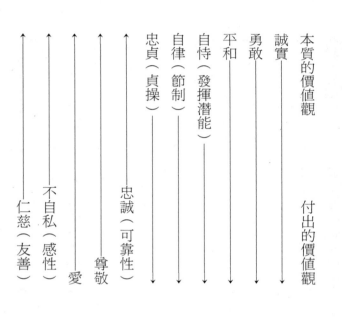

←——公正（憐憫）

每一種價值觀在起始時是一種本質上的態度或付出的行爲，然後，態度也成爲行爲，行爲也化爲態度，素質也成爲一種給予；然後，給予與接受融合成一體，彼此相佐相輔。

這表格所顯示給我們的奧祕是：我們教價值觀的最重要的兩個方法就是「是」與「給」。

有很多人在審視著這目錄時，會說：可是，智慧呢？幽默呢？熱忱與自主呢？信仰與謹愼呢？告訴你，在這目標裡所沒列出來的你可以在兩個地方發現：

一、寓於這十二種價值觀裡，繼續讀下去，在後面的章節裡，你將發現這十二種價值觀所涵蓋的比它們的字面廣而且深得多。

二、在你的頭腦裡，如果你覺得有我們沒有列出而你想教給孩子德行，就教，我們在這裡列出的方法，見解都會助你。

不要侷限於我們在本書的先後順序，每種價值觀都是獨立的，可以放在前面，也可留在最後，要緊的是每個月強調一種。在每個月的開頭，選出你認爲最想要、最需要、最恰當的價值觀來進行。

所以，教什麼？

書中列出的十二種宇宙性的價值觀，再依據你自己的意思，或你希望自己的孩子會擁有的來添加或減除。

如何教

在前面我們曾經提到過，教孩子價值觀最有效的方法是以身作則——我們的所作所爲比嘴巴的說教有效多了。再來，就是講故事、玩遊戲、扮演、和想像。在本書中包括很多需要而實用的方法——自己編故事，想遊戲。大部分父母可能覺得不是件容易事，不過，其中最好的點子多是在事到臨頭靈光一現得來的，而助力是明確的目標。當我們有了明確的目標時，思路比較暢通！我們之所以採取每個月針對一種價值觀進行的用意也是在此。

每個月針對一種價值觀進行，十二種在一年中完成，一年過後，再從頭來。屆時，孩子已經大了一歲，可以從更深一層的水平來施教了。

既然書中有若干方法供你選擇，回答「如何教」這問題並不難，不過，在這裡，讓我們先作一個概括式的介紹：

劇本式或各種語言遊戲可以使孩子實地進入情況，親身體驗各種行爲的後果，得以加強原因與後果的關連。

觀念討論　孩子在和大人談論價值觀時，可以培養其對該價值觀的興趣，也可磨鍊其表達的能力。從研究報告中見出，孩子的道德行爲與其跟大人談論的時間成正比——在談論中，我們把我們自己的價值觀無形中傳給了他們。

讚美與強調　是使孩子的道德行爲成爲有意識的行爲並持續行之的有力方法。抓住孩子的好行爲加以讚美可使孩子願意學好向上。

教每種價值觀的方法都分爲學前兒童、小學學童、及青少年三個階段，你當然要選取適合於你的孩子的年齡者。

所以，如何教？

運用書中提出的方法，以及你想到的適於你的孩子的。

第一個月　誠實

對別人、對機關、對社會、對自己誠實。從絕對的真誠、可信賴、正直中，可培育出內在的力量與信心。

一天，一進家門就看到走道上的牛奶瓶碎片，問九歲的喬西和他的朋友吉普，吉普馬上說不知道，喬西有點吃驚地看看他的朋友，然後走過去拍拍他的肩膀說：「不要緊，他會了解的。」然後對我說：「是籃球。對不起，我們原要清掃乾淨的，卻忘了。吉普，來，我去拿畚箕。」

當他們在清掃時，我隔窗聽見喬西對比他大六個月的吉普說：「從經驗我學到：說實話惹得麻煩少得多。」

——理查

只以提供孩子在日常生活中可能遇到的不誠實案例來教孩子誠實，是極具挑戰性的工作，你的以身作則及不時注意孩子的行爲隨時予以檢討指正可能有用。在這裡，我們還發現了一些相當管用的方法，這些方法，我們將分成四階段提供給你（在後面各章中同樣）：首先，一般性的原則，然後，教學前年齡的孩子，教小學年齡的孩子，以及教青少年期的孩子。

§一般性的原則

一、對孩子絕對誠實　坦白、眞實地回答孩子的問題，如果有沒法或不能回答的問題，也坦白地告訴他們你不能回答的原因。不要讓他們聽到你在電話上撒一點應酬上的小謊，也不要他們代你撒諸如「媽媽不在家」之類的無關緊要的謊。不要誇大其辭，也不要拿你不會那麼做的處罰威脅他們。

二、讚美並給他們第二次機會　不要汲汲於抓住孩子說謊的行爲，而要留心抓孩子說實話並予以稱讚。如果他們開始說一樁你認爲並不是實話的事，你可以打斷他，說：「等一等，想想看，記得說實話是很重要的喲。」

三、指出後果 利用生活中或電視上的由於不誠實而導致的後果，指出誠實與不誠實所可能產生的後果，說明一種不誠實的行爲對自己或對方所生的影響。也要尋找誠實行爲的正面影響，特別是誠實者所獲致的內心的平靜、信心、與自尊。

§教學前年齡的孩子

說明遊戲

這遊戲可以幫助孩子對誠實有個初步的概念。

問他們：「你能分辨事物的眞與假嗎？試試看，你到底知不知道，我說一樣事，你說是眞還是假。」開始時說些簡單的生理上或身邊的事物，漸漸引入跟行爲有關的，如：

天空是藍的。

這是我的腳。

螞蟻比象大。

我們用眼睛看。

我們用鼻子聽。

牛奶是從雞身上得來的。

（從瓶子裡拿出一片餅乾，開始吃）我沒有拿餅乾。

（把玩具丟在沙發上）我把玩具放在沙發上了。

如果孩子都說對了，你可以說：「你眞的能分辨出眞與假來嘛，你知道當有人說了假話時叫什麼嗎？叫撒謊！」

然後，「現在我再說一些事，如果是對的就說『實話』，如果錯的就說『撒謊』。」

（從地板上撿起一塊錢）我沒有看到一塊錢。

（把一些食物給另一人）我把食物給了××一些。

（運用你的智慧編出更多適合你的孩子的例子）

然後問：爲什麼說實話比撒謊好？

（每個人都知道事情眞正的原委，做錯事的人就不會受責難了，我們可以學著更乖更好……。）

給予真摯恰切的讚美

讚美，持續不斷，日以繼日地讚美誠實的言行。學前孩童會重複受到注意的行爲，他們喜歡讚美勝於責罰，不過，如責備、處罰等否定性的注意也比沒有來得強。

所以，當小小孩撒謊時，儘量予以最輕微的注意（只是平靜地讓他們知道你知道那不是眞的），而當他們說了實話時，卻極盡讚美之能事，誇張些也無所謂。如果他們所講的實話有關於他們所犯的錯（譬如承認畫了牆壁），使爲講實話的讚美強於爲犯錯而得的責備；即使在這年齡，也可以辨明、分別你因他們的錯而生的不悅與因他們的誠實而有的高興。

誠實表達感受的遊戲

這種遊戲可以幫助孩子了解感受與發生的事情有重大關連，而有感受沒什麼關係，誠實地告訴別人自己的感受也沒什麼關係。

翻閱雜誌，那些有彩色圖畫與廣告的雜誌，指著某些有表情的面孔，問：「你認爲他的感受怎樣？」然後：「你爲什麼這樣認爲？」然後：「這樣想有沒有關係？」

幫助孩子弄清楚感受的是什麼，以及導致的原因，並了解這樣感受以及告訴別人都是沒有什麼關係的事。

§教小學年齡的孩子

後果遊戲

幫助孩子了解誠實的長程後果總是比不誠實的好。

準備一些卡片或小張紙片，兩張爲一組，在每張的一面寫下一種行爲的兩種相反的反應（誠實與不誠實），以及該行爲的短程後果，在另一面寫下該行爲的長程後果（與正面的交錯，以使兩卡片並排時行爲與後果可以對照）。玩時，讓孩子看著正面決定會有什麼後果。

例一：正面（卡片A）

你在商店裡買東西，
店員多找給你十元，
你收下了，畢竟那
不是你的錯，你到
隔壁的玩具店裡
買了一副腳踏車
把手套。

反面（卡片B）

你知道這錢不是你的，
你開始爲店員必須從
薪資裡賠償而不安，
每當你騎腳踏車時，
新把手套就會提醒
你這種不誠實的行爲。

正面（卡片B）

當店員多找給你錢時，
你還給了他，他非常感謝，
可是待你走出店門，
就開始想你可能以
那十元買的新腳踏車
把手套。

反面（卡片A）

你由於誠實而感到
對自己滿意，自信，
快樂，每當騎腳踏車時，
你記得需要新把手套，
不過，也記得你的誠實
行爲。

例二：正面（卡片A）

你正在教室參加一次相當難的考試，你偏偏又忘記了準備，走道那邊的同學好像都會作答，而很容易就可以看到他考卷上的答案，你抄了幾個，結果這次考試得了A。

反面（卡片B）

你的良心責備你，你知道自己不應該得A，你擔心，不知有沒有人看到你作弊，夜裡竟然睡不好了；而下次考試，仍然沒好好準備。

正面（卡片B）

你爲自己的沒準備很氣惱，而且很擔心考試的成績，不過，仍然專注地看看自己的考卷，盡力而爲地作答，不幸的是，你盡力而爲的成績只不過是個C。

反面（卡片A）

你決定用功點，下次考試你成績好多了。你因爲自己誠實而對自己滿意，別人因爲你可以信賴而喜歡你。

依據你自己的需要，另外設計卡片，使不誠實的短程後果是好的，而長程後果是糟的；設計與父母之間，與兄弟姐妹之間，與朋友之間，與團體之間……的卡片，在玩遊戲過後，問他們如果一個人做了不誠實的選擇又覺得不安應該怎麼辦？

誠實公約

事先約定家庭的成員要嚴格地誠實不欺——在「誠實月」接近尾聲時，全家聚集在飯桌前，或到戶外空地上席草地而坐，首先謝謝孩子們在這一個月中在誠實這主題上所花的心神，再檢討一下大家在這一個月中所學到的；問問看，大家懂不懂得公約的定義？然後提出訂定公約的建議。——訂定公約是爲了使家庭中每一份子都能毫無顧慮地相互信賴。擬定一個簡短的公約，以「我們彼此承諾……」開頭，讓家庭中每一成員都簽名。

誠實獎

這是促使孩子每週自我檢討評估自己的誠實修養績效的方法。選定一天大家都認爲合適的日子，大家聚集在一起，問：「在這過去的一週裡，誰遇到過接受誠實挑戰的情況？」準備好獎勵頒給最值得獎勵的誠實行爲者（一張寫有誠實獎之類美術字的卡片、錦旗就很好了），贏得者把它掛在房門上或床頭上，直到下週。

過不了幾週，你將發現孩子們會很樂於檢討自己的誠實行爲，很重視得獎。而這種思索、檢討與認同，正是加強誠實的力量。

故事——依莎的小謊

下面這故事可以幫助孩子了解謊言會從一個引發到另一個，以致導致嚴重的後果。

有一天，伊莎撒了個小謊：她不該把自己的晚餐拿來餵狗，可是她餵了，當媽媽看到她的餐盤乾乾淨淨的了，問她，她說她自己吃了。（這的確是個小謊，對不對？）那天晚餐吃的是雞，而有塊骨頭鯁在小狗的喉嚨裡了，不久，小狗就一直咳嗽、打嗝，非常不舒服的樣子。

「小狗狗怎麼了？」媽媽問。

「不知道呀！」

（另一個謊。不過，伊莎非撒這個謊不可，否則媽媽就知道她的第一個謊了。）

媽媽扳開小狗的嘴巴，也看不到什麼。

「小狗狗吃了什麼？」媽媽納悶道。

「不知道。」

（又一個謊。可是她不希望拆穿前面兩個謊。）

小狗狗的情況越來越糟，媽媽只好帶牠去獸醫院。

「怎麼了？」獸醫問。

「不知道。」伊莎第四次撒謊。

「如果只是塊骨頭，我們可以用工具拿出來，可是，也可能是玻璃碎片，那就得開刀了。」

伊莎知道非說實話不行了。

「是骨頭。我知道小狗狗是吃了骨頭。我沒有吃完晚餐的食物，我把晚餐給小狗狗吃了……」她哭了起來，「我再也不要撒謊了，因爲你撒了一個謊，很可能要接二連三地撒下去……」

附註：每章都會有一個或幾個與該目的價值觀有關的故事，是爲小學年齡的孩童設計的不錯，不過，也適用於小一點的或大一點的孩子。

啞劇

這遊戲可幫助孩子辨認誠實的感受——自己的或別人的——並了解如此感受，或討論這些感受是沒有關係的。

把後面列出的各種情緒感受寫在小卡片上。玩時，分給每人五張卡片，每一位參加者有四十五秒的時間，用動作或表情來表演這些感受，每種被大家猜對的表演可得一分；輪到頭之後，卡片收回，像洗牌一般地混一混，再分，再表演……直到有人得到十分。

到後來，孩子們會更傳神地表演，更容易地猜測，而從遊戲中孩子們得到的是接受自己的感受，察覺別人的感受，並能坦誠地談論自己與別人的感受。

下面是一些適用於本遊戲的情感、感受、與態度：

愛、後悔、憂慮、關心、和善、感激、信賴、快樂、樂觀、令人愉悅的、冷靜、喜歡助人的、同情、親切、熱情、原諒、感恩、嚴肅、溫柔、感興趣、忠誠、友善、負責、柔和、敏感、自由、可靠的、被動的、主動的、可敬的、合作、傷心、狡猾、不可靠、尊貴的、嫉妒、鄙卑、不友善、愚蠢、罪惡感、生氣、防衛的、貪婪、煩惱、羨慕、公正、不公正、厭惡、自私、抱歉、沒感受、被寵壞、粗魯、不公平、懦弱、憤怒。

§教青少年期的孩子

分析不誠實的類型

這類討論可以幫助孩子獲致更進一層的有關誠實與不誠實的定義，可以這樣開頭：「不誠實的種類實在很多，現在讓我們寫下來，看看有多少。」有你在旁鼓勵、提醒，孩子會提出來的。像：

考試作弊。

逃漏稅。

虛報開支。

打網球時，把不確定是界外球的硬說成界外球。

誇大其辭。

明明不覺得好看，卻當面說別人哪裡好看。

爲了逃脫干係，不說出全部實情。

把眞情實況稍加變化，以使事情不顯得那麼糟。

爲保護自己撒謊。

爲保護別人撒謊。

……

你可以提出問題來使這單子加長下去，譬如：對父母的不誠實行爲？對自己的不誠實行爲？等等。

討論各類型的不誠實

透過這種討論，使孩子希望自己是全然地誠實。

問他們：「有沒有人覺得這些不誠實的行爲中有些是沒有什麼關係的？譬如善意的謊言？稍稍地誇大其辭？」（幫助他們看清：即使善意的謊言也是不必要的。）「你可以稍微花點心思就能想出恰如其分的讚美來了。」「你實在沒必要誇大其辭」等等，及「既然你願意誠實，何不徹徹底底地誠實？」

反義詞

從這遊戲中可以使孩子了解誠實與它的反義詞，以及對別人的影響。問孩子們不誠實的同義字與反義字，舉出欺騙、撒謊、虛僞等行爲，繼之討論這些行爲會怎樣傷人？可能傷害到誰？以及誠實會怎樣幫助人？可能幫助誰等等。

「善意的謊言」很可能是很多人最常給誠實這價值觀打的折扣，在我們內心中有一種信心與安全感是隨不妥協的誠實而生的，我們應該幫助孩子擁有它——可能我們自己並沒做到。

對孩子述說你自己的經驗——左右爲難的窘境

這可以向孩子證明你自己的誠實——甚至願意跟他們說你自己的難堪經驗。告訴他們你絕對誠實或不誠實的事實，也告訴他們曾經遇到過的左右爲難的情況，以及現在爲做到絕對的誠實而作的掙扎。

這種坦白對進入青少年期的孩子來說也是一種恭維，因爲這也意味著你對他們的成熟的信賴。夢想促使或鼓勵他們也向你坦白他們的類似經驗，沒有比這更有效的方法了。

電影情節遊戲

這是可以幫助孩子事先想像事情可能演變成怎樣的遊戲，所謂電影情節就是設計可能情況及後果（這樣稱之正對青少年喜歡用誇大的字眼講大人話的口味），然後，用你自己的話，極盡渲染、詳實的能事來講述下列的案例：

你正在教室裡參加期末考，你曾經很用心地準備，前兩大題倒是滿容易的，可是，第三部分卻難多了，而題目是出於你並未溫習到的部分，你記得很清楚，老師並未告訴你們要準備這部分，你氣得要命，因爲錯不在你。題目是複式選擇，偷看走道對面同學的答案不難。（作弊）

你家剛搬到鎮上，你轉學到鎮上的學校，認識了一大票新朋友，午餐時，他們問你在過去你都是參加什麼體育活動。你實際上只是一個隊的候補隊員，可是，既然他們都不知道，你拿不定主意是不是該告訴他們你希望是，而事實上並不是的事

實。（誇大）

你比父母允許你回家的時間晚了一個鐘頭，你回家時他們已經睡了，你並沒驚動他們。現在是第二天早上了，他們問你何時回來的。（為自己辯護）

——運用你的智慧想出，或利用你所知道、正發生在孩子們身上的情況設計你自己的案例，從討論中引導孩子得到下面這結論：大部分不誠實的行為好像都能一時解決問題或獲致短程的好處，可是，到頭來，卻使自己良心不安、對自己失去信心等等。

第二個月　勇敢

敢於向困難挑戰，不跟隨衆人走，敢說不，而且堅持己見，並能影響別人。忠於信念，依良知行事，即使大多數人不以爲然，或行起來諸多不便。勇於表達自己，不怕和善對人。

「唉！當小雞還眞需要勇氣呢！」八歲的湯瑪吉說。

「怎麼回事？」爸爸問。

「我是說，當別的孩子想要激你去做一件你覺得不對或十分危險的事時，你不做，他們就叫你小雞，能堅持不去做還眞需要勇氣。」

「我好像曾經說過——我們曾經談論過勇敢，以我委婉的說法解釋：能領頭做正確的事、爲信仰而奮鬥、抗拒同伴的壓力的眞正的勇敢，與接受慫恿、冒無意義的險的莽夫式的勇敢之不同。我曾經試著要你明白，眞正的勇敢是一種內在的力量，跟正直與忠於自我有極密切的關係，跟那種外表的冒險犯難並不太相干……」

說到這裡，湯瑪吉打斷了我：「是呀！當小雞需要眞正的勇氣。」 ——理查

——我們全家搬到英國去住六個月，目的是：我能擺脫開一切的繁瑣專心寫點東西，孩子們讀讀英國學校拓展一下生活領域。

四個月過去了，第一個目的完全達到了，而第二個目的好像也很稱心如意，只是，十歲的約拿碰到了個超過了一般英國老師的嚴格，簡直是故意找麻煩的老師；而班上素以有禮著稱的英國孩子中有幾個竟然找上了他，合起來對付他，逼他講粗話什麼的。就在這一切讓他難以應付之際，他得了肺炎，待康復只剩兩三個星期就得收拾回國了，很自然地約拿認爲沒有必要再回學校去了。

我們覺得，如果他不回去上課，很可能對這次英國之行永遠存著惡劣的印象，不過，並不願意逼他，於是作了一次家庭討論會，討論的專題是勇敢。多虧他的哥哥姐姐們的發言，我們得到了結論：所謂勇敢是從事困難而且是對的而結果是最好的事。我們討論選擇正確而困難的路是有報償的，談到被馬摔下來馬上爬回馬背，

不過，我們了解他的感受，讓他自己決定。

他沒法讓自己承諾回去讀完這學期，不過，答應回去看看情形到底多糟。

在這時，我們覺得不能再完全由他碰運氣去了，我們在事先私下裡拜訪了他的老師，把實際情形跟她談了，要求她儘量給孩子鼓勵，少批評。在他回學校那天，我陪他一起到學校，設法和班上幾個孩子講話，講的是他們感興趣的足球，希望約拿會接下去……。

然後，我們稱讚約拿。噢！眞是極盡稱讚之能事：「多勇敢！約拿，這樣困難的事，眞需要勇氣！」

事實證明一切良好：在這最後幾週裡，他很用功，拿了好幾個A，上課也很注意聽講，得到了過去都是責難他的老師的稱許。他也儘量參與同學們的活動，不過，堅決拒絕咀咒罵人說粗話。有兩三個孩子因爲他的這種表現而欣賞他，成爲朋友，後來，是互相通信的筆友。

我們試著幫助約拿建立勇氣，而他的處境幫我們爲這字眼下了定義。

——琳達

——如此看來，勇敢就是在困難的情況下做正確的事（即使被稱爲小雞）。

孩子們可以從故事、遊戲、扮演、討論中了解勇敢，不過，只有從你的以身作則，以及你對他的表現隨時加的稱讚才能使他擁有、表現這種德行。

§一般性的原則

一、稱讚嘗試　從定義來看，勇敢是相當困難的，通常需要克服一顆激跳的心與充滿猶豫的思想，所以，只要他在嘗試著這樣做，就值得稱讚。你稱讚的是這種嘗試，不管是否有成，嘗試吃一種新食物、跟新朋友講話、做一個新模型、讀一本難度高的書、從事一種不熟悉的活動……都值得稱讚；特別是不和同伴一起做不對的事，說謊比說實話容易時選擇說實話等更要稱讚。

二、以身作則　表現得勇敢而且告訴他們。把你曾經或正從事的困難工作告訴孩子，不是自我吹噓或誇大其辭，只是坦白地說出來，讓他們知道大人也會遇到困難。如果你接下了一樁具挑戰性的工作，告訴他們；如果你和一個你很怕跟他談話的人談過話，也告訴他們；如果你拒絕了朋友的壓力，也告訴他們。這些都是活生生的例子，過去的跟目前的同樣有價值。

三、弄清楚勇敢與魯莽、怯懦與羞澀的區別　這會使孩子認清勇敢是一種素養而不是性格。如果你的孩子很害羞，你得讓他們了解，你並不是要教他們魯莽或喳喳呼呼地，也不是要他們固執武斷；讓他們了解有一種「安靜的勇氣」——對錯的說不，跟沒有朋友的孩子打招呼都是勇敢。向他們解釋，每個人的心都會跳，都會害怕，不過，我們可以做我們認爲對的事。

四、幫助孩子了解勇氣的形成　教所有年齡孩子勇敢的要點就是讓他們認知「準備」、「信心」是形成勇氣的要素：如果有充分的準備就會有勇氣——不管是透過思考事先作決定，還是教他們怎樣信心十足地說不，還是鼓勵他們彈奏一闋鋼琴曲準備演奏，幫助他們有必定會表現得很好的信心，都是幫助他們有準備。相信自己能把正確的事做好是勇氣的關鍵，他們會體會出：相信事情會好轉並不會給他們信心，而是相信自己會使事情好轉才是信心的根源。

§教學前年齡的孩子

稱讚嘗試

幫助孩子感受到嘗試的歡愉，而且了解勇敢是在嘗試中表現出來而非在成功時。如果孩子在學騎兩輪腳踏車、繫鞋帶、跳繩、……卻屢試不成時，稱讚他的屢敗屢試，為他打氣，說這次比前一次強多了。不要為他的失敗犯愁，要緊的是鼓勵他不要放棄，儘量幫助他成功。——得到稱讚的嘗試是深遠、持續的勇氣的基石。

故事——碧絲狂跳的心

這故事可以幫助小小孩克服甚至常阻礙他們做並不是什麼難事的恐懼，使他們了解害怕是正常的事，沒什麼關係，不過，要設法克服。

碧絲的心在狂跳——是游泳課，老師要她從跳板上跳下去游到對面。她知道自己能這樣做，她可以游那麼遠，只是站在跳板上？離水面那麼遠！她眞想轉身逃開，可是，也很想跳下去游游看，她的心狂跳起來。

她深深吸一口氣，跳了，而且游到了對面！她辦到了，眞高興，笑得眞開心。

教孩子注視人們的眼睛

這可以幫孩子養成一種很有用而且需要勇氣的習慣。對孩子解釋，如果你這樣做，人們會喜歡你，也會覺得你喜歡他們。練習在跟別人打招呼時，如說：「早安」、「謝謝」或問：「你住哪裡？」「讀哪所學校？」時注視著對方的眼睛。比賽看誰不眨眼注視別人的眼睛時間最長。告訴他們勇敢也就是沒有什麼要掩掩藏藏的，而當你正視一個人時，也就等於在說：「我信賴你，你也可以信賴我。」學會了這樣做，可以幫我們不怕問別人問題，也就不怕與別人交談了。

龍的故事

這故事可以幫助較大的學前兒童，及小學初年級孩子把故事書裡有關勇敢的情節引用到生活中。

年輕的王子從來沒見過龍，不過聽說過，知道牠們力大無窮，而且會從口鼻中噴出火焰。

這天，當龍眞的出現時，他只有一個人——他剛剛騎著他心愛的馬奔馳到樹林深處，一回頭，面對面，龍出現了（龍好像也吃了一驚）。他滿可以掉轉馬頭奔馳而去，可是龍是朝市鎭方向走的，鎭上必然會有人死傷。

王子的心狂跳著，不過，他趁龍尙在驚惶中一劍刺入龍的咽喉。

——盡你的能事渲染此故事，然後問孩子：「王子勇不勇敢？」「我們活在現世界中需要勇氣嗎？」孩子的答案一定是需要，那麼再問：「爲什麼？現代哪有龍？」（因爲有些情形比遇到龍還需要勇氣。）

討論並列出「現代的龍」——需要勇氣的事：

承認自己錯了。

當別人都不這樣做時，你只要認爲是對的，照做。

對新同學或大家不喜歡的孩子打招呼。

當別人要你做你認爲不該做的事時，予以拒絕。

天氣很冷，仍然早早起床，練鋼琴。

§教小學年齡的孩子

正義獎

製作可以輪流頒發的獎品每週頒發給有勇於維護正義的行爲者。把家人聚集在一起，以「這一週誰是正義獎的得主呢？」開端，讓孩子們回想在這一週內有沒有：爲自己所認爲是對的事站出來講話？當別人在從事你認爲是錯的、或危險、或危害別人的行爲時，拒絕參與並勸阻？或在別人都沒有這樣做時，你自動做你認爲應該做的事？

——當我唸公主吻了蛤蟆，蛤蟆變成王子的故事給六歲的那亞聽時，他提出一個問題：「如果公主變成了癩蛤蟆了怎麼辦？」

他的哥哥姐姐們也在場，這問題不但引起一陣好笑，而且導致一場好的討論——我們通常是影響別人？還是受別人影響？我們有勇氣做自己認爲是對的而希望別人也這樣做呢？還是做他們所做的到頭來跟他們一樣了？

紅橘黃遊戲

這遊戲可使孩子對考慮勇氣及與勇氣有關的各種情況感到興趣。三種顏色的卡片代表三種不同的行爲表現：紅色——勇敢，橘色——普通，黃色——沒有勇氣，有點膽怯。

下面列出的情況要變更著提出，儘量使孩子的答案會有各種不同程度的行爲表現，根據孩子的答案舉起卡片。

同學拿毒品要你嘗嘗。（黃色——嘗了，橘色——拒絕，紅色——告訴老師。）

你有一科成績很好，老師給你跳級學習的機會。（黃色——很猶豫，橘色——你說「明年再說」，紅色——你接受了。）

祖父母來看你們，你已一年多沒見到他們了，很想上前去抱抱他們，可是周圍有好多人，你很難爲情。（黃色——你站在那裡，眼睛看著地面，橘色——你跟他們握握手，紅色——你走向前熱烈地擁抱他們。）

有個外國孩童到你班上，他很可能連英文都不會講，看起來怕得不得了。（黃色——你沒理會他，橘色——當別的孩子開始跟他打招呼了，你也走向前，紅色——你第一個跟他講話。）

學校裡，音樂社團舉辦才能發表會甄選團員，你喜歡唱歌，可是朋友們都認爲音樂社團是無聊的事，沒一個參加。（黃色——你沒參加發表會，橘色——你自己參加了，紅色——你告訴朋友們音樂社團並不無聊，邀他們跟你一起試試看。）

你有件毛衣，你很喜歡，可是不是大家都穿的那一種。（黃色——你把毛衣收起來，要求媽媽再給你買一件大家穿的那一種，橘色——你不穿那件毛衣，不過，也沒要一件大家都穿的那一種，紅色——你穿那件你自己喜歡卻不跟大家一樣的毛衣。）

根據親身經驗設計你自己的情況。

勃契·奧亥的故事

這故事會讓你的孩子認識涵蓋更廣的勇敢與眞正的英勇。

第二次世界大戰時，年輕的駕駛員勃契·奧亥正試著把已經被擊中的戰鬥機飛回母艦——隊長命令他回去，因爲覺得他那被擊中的戰機已經沒什麼威力了，趁現在還可以飛，奧亥應該把它開回母艦。

他很勉強地離開戰地，開始回航。在途中，湊巧發現一隊日本戰機正飛向他的母艦——飛機都出任務了，母艦毫無護衛能力地泊在那裡。顧不得其他了，奧亥駕著已破損的飛機，開始了置生死於度外的激烈戰鬥，在打下了對方六架飛機之後，機上彈藥已盡，他衝向敵機群，意在再撞下一架敵機再犧牲。日本戰機領隊見狀，知道碰上了瘋狂戰士，就下令撤退了。

母艦上數千人得救了，而他，也奇蹟般安全地飛回了母艦。奧亥成爲那次戰爭中的大英雄，幾年後，他故鄉芝加哥的機場命名爲奧亥機場——現已成爲世界上最忙碌的機場。

我擅長什麼？

找個時間，和孩子單獨在一起，一面討論一面寫下。這會使孩子對自己更有信心，而藉此鼓勵孩子發揮其天賦與個性——自尊心愈強的孩子愈有勇氣。

我擅長什麼？包括天賦、技能、才藝、能力等。儘量列出，從「跑得快」、「唱得好」等一般性顯而易見的表現，至像「擅於逗弄嬰孩」、「注意美的事物」

等不太常想到的特點都算。

記得，要只列實際有的，絕不能故意討好。如果他棒球打得並不好，不要列上，即使他很喜歡棒球；不過，可以寫成「擅於下功夫練棒球」。

清單列好，一起討論，問孩子：「有沒有人和你擁有的才能完全一樣？」告訴他，他是與衆不同的，沒有人跟他完全一樣，使他建立起自信，覺得自己是特殊的；他要我行我素，因爲他是如此地與衆不同。鼓勵他不要跟在別人後面，企圖像誰，而你是因爲他就是他而喜歡他，愛他。

困難與好

這兩者有何關係？你願意孩子喜歡接受挑戰？試試看這遊戲——把孩子分成兩組，每組至少一人，每人發一張紙，紙上先寫出題號（十題）。你說出一種行爲，要一組的孩子在相關題號後寫「困難」還是「容易」，另一組孩子寫「好」或「壞」。譬如：

1. 早起準備考試。
2. 雖然很爲難，還是向別人道歉。

3.試著和朋友們一起抽煙，免得被叫做小雞。
4.雖然大家都不理他，你和新來的同學交朋友。
5.在星期六睡懶覺，不起來做家事。
6.～10.根據自己的經驗編寫。

遊戲結束後，把兩組答案對照，看看是不是「困難」總是與「好」配成對！

§教青少年期的孩子

一起記憶名言

——懷疑是出賣者，常常使我們由於未嘗試而喪失了可能獲得的好處。（莎士比亞）

——愛然後失去，遠比從未愛過好。（莎士比亞）

——在生命的戰鬥中，批評者並不重要——能指出強者在何處跌到，或行動者如何可以有更好的成就者算不了什麼；光榮歸於那些眞正在競技場中爲動業搏鬥的人。他們，在最終，如果成功了，能夠嘗到成就的勝利，如果失敗了，至少不必廁身於那些永遠嘗不到勝利或失敗的滋味的冷靜的怯懦者之列。（羅斯福）

——有很多我願意爲之犧牲性命的原因，可是，沒有我願爲之殺人的。（甘地）

記憶這類的名言可以不斷地提醒孩子：好的衝動與意念應該盡力實踐，即使感到羞怯、能力不夠、或不自然也要勉力而行。和青少年期的孩子討論：懷疑和不確定如何阻礙我們嘗試或實踐我們認爲是好的意念。告訴他們你親身的經驗，也鼓勵他們訴說自己的，強調試過雖失敗也比試都沒試強。和孩子一起背誦這類名言，在開始學時和他們一起討論，在日後遇到類似情景時更是討論的好時機。

勇敢與其反義字

這使孩子看清爲什麼勇敢是一種德行，而且幫助他們注意培養此德行的理由。同樣地，在玩此遊戲時要孩子提出「勇敢」的同義字與反義字，並討論勇敢可以幫助誰及如何幫助？其反義又可能傷害到誰及如何傷害？

事先作決定

你能幫助孩子在身臨可能作錯誤的選擇的情況之前就已作成正確的（勇敢的）決定。向他們解釋，很多好的決定是在我們還未面對作決定的壓力時就作好了。幫助他們把這類決定列出（在日記的後頁或前頁應該是好所在），如：我不要抽煙。我不要撒謊。我不要作弊。我不欺負人，即使別人都這樣做。等等。

幫助孩子想像每一種事先作的決定可能發生的情況，和孩子一起想，並指出如果事先有了決定，到時候作正確的選擇就容易多了。

鼓勵孩子嘗試新事物

幫助孩子養成一種會開拓視野的不畏精神。鼓勵他們不要就是吃漢堡薯條，世界上有各種新奇美好的事物，要勇於嘗試；不過，也要告訴他們勇於嘗試與魯莽從事是兩回事。

表現出勇氣的日常行爲

從思索達到心智的實踐。要孩子明白：勇敢並不是只有在戰場上或重要關鍵時才派得上用場，而是一種日常生活中的表現。對他們說：「讓我們運用想像力，想出一些需要勇氣的普通情況，同時給它們歸歸類。」

別人都穿一種你實在不喜歡的衣服，你決定穿你自己喜歡的那種。（敢於自我表現）

大家都在飯廳裡吃飯。天氣眞好，你想到戶外去吃，可是朋友們都不肯，於是你自己去了。（敢於我行我素）

你和朋友在一起，他們提議去商店「拿」一兩樣小東西，「爲了找點刺激」。你拒絕了，他們嘲笑你。（勇於行正義）

班上來了個新同學，你注意到他孤單地坐在教室裡，下課後你找他談話，和他交朋友。（勇於克服羞怯與難爲情對人表現友善）

學校裡舉辦論文比賽，朋友們沒一人參加；你從未參加過，對自己的寫作能力也沒把握，不過很想試試，就參加了。（勇於嘗試）

抓住孩子的勇敢行爲，稱讚之

如此可以幫助他們孕育其勇氣，使之發育、茁壯。我們沒法贈送、或強把勇氣給孩子，他們必須自己找，自己培育。而我們做父母的可以藉討論勇氣，注意勇敢的行爲，並及時地予以稱讚來協助他們。

看影片

和孩子一起看以勇敢行爲爲主題的影片，並討論之。

第三個月　平和

冷靜、平和、沉著。採取調適而不輕易爭論的性向。了解爭執解決不了問題，而別人的惡劣言行表示他本身有難題，或缺少安全感，正需要你的了解。
了解別人的感受而不只是反射回應，能控制情緒。

孩子需要冷靜，冷靜可以給他們一種安全感。平和與能控制情緒源自家庭中充滿了愛的氣氛，而關鍵是了解。當我們企圖了解時很少發脾氣；孩子如果懂得先了解事情爲什麼會這樣，及人們爲什麼這樣做，就會冷靜下來，比較能控制情緒。

我們採用「平和」這字眼來代表：了解、冷靜、忍耐、控制、和調適，也就是憤怒、發脾氣、不耐煩、煩躁等情緒的反面。就像有很多種不誠實一樣，不平和也有好多種，所謂平和並不是不動感情或忽略情緒，只是要恰當地控制情緒，免得傷到別人。

冷靜與平和可以幫助我們，也可以幫助別人覺得好過些，事情會好辦些，同時是具有感染力的素養。如果你養成了這種價值觀，身邊的人一定會受到感染，特別是你的孩子。

§一般性的原則

一、使你的家庭充滿了祥和之氣　如播放能平復情緒的音樂——一般古典音樂多能締造寧靜祥和的氣氛；如控制講話的語調，以及講話時把手放在對方肩上或拉住手臂等——大喊大叫解決不了問題，而當我們這樣講話時聲音會不自覺地柔和起來。

二、以身作則並事先下決心　做給孩子看，讓他們看出冷靜平和的好處，並利用其感染性影響孩子。父母常常說：「我有權發脾氣！」或「他們需要你不時發發脾氣。」可是，不管我們有多少權利，跟孩子發脾氣根本解決不了問題，而孩子們也不需要看我們發脾氣。

倒是，當孩子明知故犯地做了什麼錯事時，我們可以發發脾氣。不過，通常，我們都是由於自己的挫折或煩惱發脾氣，爲孩子立下了反面的榜樣。

爲自己安排一段讓自己平靜下來的時間——早上在出來面對家人時先在房內單獨安靜地處幾分鐘，下班回家之前也是，事先就決定要冷靜地面對吵嚷、煩躁、找麻煩的孩子。

——我有個很有趣的辦法來避免把辦公室裡的挫折帶回家，並幫我平和地處理在家裡可能遇到的一切——在辦公室裡過了繁忙的一天，我把車開進車庫，先不急著出來，就在黑黑的汽車裡靜坐著，想像著家裡可能發生的最糟的情景：家裡亂七八糟，孩子吵成一團，太太煩得要死，在辦公室裡也不輕鬆，沒有人開始做晚餐……。然後，我再想像自己如何冷靜、諒解，而協助處理。

我進到屋內；有時正如我所想像的，而我也如想像的那樣應對，有時情況沒那麼糟，那，我就心懷感激快樂得不得了。

三、稱讚　除了自己努力做到冷靜之外，還要了解「稱讚是平和的」，而「否定是神經質的」。

——有一年夏天，難得我和三個孩子有個到蘇格蘭去度假三天的機會。想到將單獨和三個孩子共處並接觸蘇格蘭的文化歷史的七十二小時，我興奮極了，只是，事實完全不是那麼一回事。首先，一個孩子不喜歡蘇格蘭食物，一個要早起，另一個卻想睡覺；參觀時，一個是每個房間，每一張標誌都仔仔細細地看，另一個卻要走馬觀花般全部都看遍。我眞懊惱透了，想到跑這麼遠來受這種罪，而且毫不隱瞞自己的感受。

那天夜裡，睜著眼躺在床上企圖思索出一條良策以改變孩子的態度，突然，腦際一亮，我曉得了——在孩子改變前，我自己必須先改變。次日早晨，我開始注意孩子的行爲，不是找錯挑剔，而是找可以稱讚的，哪怕是小小的，也趕緊抓住說出：「你穿衣服穿得好快。」「你今天的頭髮看起來滿好的。」「夜裡睡行軍床很不舒服吧？今晚給你睡最好的。」……等等。好像魔術呢！氣氛馬上不一樣了，隨了我的稱讚及所表達的積極性感受，他們臉上露出了笑容，彼此也諒解起來，和睦起來。我儘量不批評，對他們的抱怨、煩躁等也儘量以積極性的評語回應。到了下午，我們已過了從未過過的愉快的一天。

——琳達

§教學前年齡的孩子

悔過凳與冷靜沙發

這方法在處罰發脾氣與傷害別人的行爲之餘，還有提醒改過的作用。在家裡準備一張木板凳或兩張硬背椅，孩子有吵架打架等情事時要他們坐到那裡去。一有這種行爲，立刻要他們坐上去，只有待他們告訴你什麼地方錯了（自己的，不是對方的）並向對方表示悔意時才能下來。

「冷靜沙發」是爲挑剔、找麻煩、發脾氣的孩子準備的，待他冷靜之後，就可以下來了。

切記，不要把「悔過凳」與「冷靜沙發」視作處罰，其實，應該是一種避免處罰孩子的方法。如果他不願坐才要處罰。

安靜比賽

這是教小小孩安靜、平和、冷靜與感受的方法：比比看，誰能最長時間保持不講話、不動。完了之後，說：「有時候，安靜、沒動靜感覺起來滿好的，是不是？」

雜誌遊戲

這遊戲可以幫助小小孩了解：感覺生氣、難過並沒什麼不對，跟感覺快樂、高興同樣是正常的，只是，由於自己難過、生氣，傷害到別人就不對了。——和孩子一起翻閱雜誌，翻到有人物插畫或廣告時就停下來，問他：「你想他感覺怎樣？」（快樂、嫉妒、憂慮、生氣……這也是教小小孩字彙的好機會）然後問：「這樣感覺可不可以？」（當然可以）然後：「如果你覺得生氣就對別人發脾氣可不可以？」

解釋發脾氣

從實際現象中讓孩子了解爲什麼發脾氣危險會傷人。用淺鍋盛一鍋冷水，讓他把手指放進去試試看，然後把鍋放在爐子上加熱，同時解釋當我們生氣就漸漸熱了起來；待水沸了，就說這就像我們發脾氣時，冒泡沸騰起來，會傷人的。「你要不要把手指放進去試試看？」當然「不要！」「那，讓我們不要冒泡沸騰起來，不要發脾氣……。」

數到十

教孩子可實際運用的控制情緒的方法。這年齡的孩子都喜歡數數，告訴他們數數還有一個用處，那就是幫助我們控制感情。向他們解釋在吼叫或發脾氣之前數到十可以使我們冷靜下來。舉幾個實際的例子，告訴他們在那種情況下如果發了脾氣會怎樣，如果先數到十又會怎樣。你自己以身作則做做看，而且讓孩子看到、聽到。

簡單的音樂和諧遊戲

如果家裡有鋼琴，讓孩子聽聽看，和諧的和音與隨便按下的幾個音有什麼不同，要他們辨別：「和諧」或「不和諧」，然後，問他們何者悅耳，何者聽起來平和、寧靜、優美，何者吵人，然後提到另一種和諧——人們彼此相處的和諧。

§教小學年齡孩子

平和獎

這種獎是一種讚美、認知孩子在這方面所作的努力的好方法。做個獎牌錦旗之類的獎品，上面最好有「平和」之類的字眼，得獎者要把獎品掛在房門上。跟我們在前面曾經提到過的方法一樣，找個日子全家聚在一起，大家一起決定得獎者——在一週內沒有發脾氣，在別人傷害到他時沒有報復，曾經以數到十控制情緒，或能解釋出為什麼某人可能做出傷害別人的舉動等。

極盡能事地稱讚每一種行爲表現，你自己也要參加角逐。

一個巴掌拍不響的觀念

幫孩子了解平和的反面就是爭鬥，而一個人絕對沒法打起來，所以雙方面都脫不了干係。利用「悔過椅」，小學低年級的孩童一樣適用。向他們解釋如果他本人平和，不作報復，絕對打不起來。

技巧犯規

這方法可以幫有運動觀念的孩子看出冷靜行爲的好處，並立即了解爲什麼不能發脾氣——在籃球賽中，你不能把球摔在場地上，不能推人，不能吼叫，不能現出不服與發脾氣，如果犯了，就記犯規一次。

立下規矩，孩子每「犯規」一次就要付出相當代價——零用錢、得平和獎扣分、等等。

顏色遊戲

教孩子認清平和的後果與憤怒、報復的後果的差別。分別用紅色與淺色顏色紙剪兩個人形，告訴他們紅色代表發脾氣與不耐煩，淺色代表控制、平和。提出一種情況，讓孩子發表兩種人可能作的反應：

鬧鐘沒響，你上學要遲到了。

打籃球時，裁判判你犯規，可是你不認爲是。

朋友忘了赴你的約。

弟弟用橡皮筋彈你。

媽媽不許你在朋友家過夜，因爲明天要上學。

剛買回來的新鋼筆不能用。

根據自己的經驗編寫。

背誦名言

教孩子一些能幫助他們了解而不作爭辯的詞句，像「口服心不服，意念還是原意念」可以讓他們了解在與別人意見不合時，即使表面上對方沒話可說了，內心裡並不見得服你，反而產生憤怒，倒不如設法了解，看看有沒有雷同之處。濟慈的名句：「美就是眞，眞就是美——這是你對這世界所了解的，也是唯有需要了解的。」用來教孩子：冷靜、平和的人更易發現事物的美。

§教青少年期的孩子

討論

幫助孩子有「試著了解比企圖贏有利多了」的觀念。在餐桌上，或其他談話的時機，告訴孩子，與人相處有很多情況我們可以有兩種選擇：爭論與分析。也就是說，當有人對你談到或做了你不以爲然的什麼時，你可以與之爭論辯駁，予以反擊，或試圖分析他之所以如此的原因。

告訴他第二種選擇永遠是好的，因爲當我們嘗試分析事情的原委時，都會學到一些東西，而且能夠保持冷靜保有友誼。

沒有輸家的故事

透過這種方法，青少年可以改變其「充滿了競爭，不是你贏我輸就是我贏你輸」的社會觀，讓他們慢慢了解，社會是一個可以靠彼此的了解而幫助大家都贏的地方。像下面這小故事就可作例證：

哈麗和瑪琍是好幾年的朋友了，不過，兩個人個性都很強，故常常意見不合。有一天，歷史老師要學生們兩人一組選一個主題作研究報告，報告成績是該科成績的二分之一。哈麗和瑪琍是一組，不過在選主題時意見就不同了，開始爭論了，然後，哈麗記起了媽媽曾經告訴她的，決定讓瑪琍先說說理由看。結果，證明瑪琍選那主題是有她的理由的，因爲她有很好的有關資料，可以使她們寫成很棒的報告，而哈麗一面聽著，一面想到一些不錯的點子，兩個人同意了，而做出的報告每人都得了A。

故事講完後討論一下，「何謂沒有輸家」？跟「你輸我贏」或「我輸你贏」有何不同？想想看還有沒有什麼情況可以找出一種雙方都不會受傷害——都會得益的解決方法？

提供給孩子你的事先下決心的辦法

這等於告訴他你和他們一樣——採取同樣的方法以保持情緒上的平靜——他們會喜歡的。與他們討論這種事先作計畫下決心的心理準備辦法，幫助他們想出自己的事先下決心保持平靜的方法。

坦白地討論諸如青春期、荷爾蒙等自然因素引起的情緒

幫孩子了解自己這些生理因素引起的情緒變化是十分重要的。青少年的脾氣、情緒不但會受這些因素的影響，而且也會由於對這些因素的焦慮而加深，坦誠地跟他談談會減輕其焦慮。跟他們解釋，年輕人一會兒覺得不可一世，一會兒又覺得自己一無是處是很正常的，眞正值得焦慮而且該用心改進的是：不要讓自己的情緒沒來由地傷了別人。

第四個月　自恃與潛能發揮

個性，潛能的發覺與發展，爲自己的行爲負責，克制諉過的能力，發揮自我的潛能。

——我們十五歲的女兒整個晚上不對勁，正是這年齡孩子的情緒模式：一會兒發脾氣，一會兒悶聲不響，一會兒又跟家人頂起來了，一會兒又煩悶地躲在房裡不出來。

「我的數學要當掉了，都是那鬼老師，教什麼呀？連解釋都沒！分數又打得那麼嚴，上課時從來都不叫我……。反正我並不在乎，很多人把分數看得太重要，我才不來。事實上，都是弟弟妹妹，那麼吵，怎麼做功課？別指望A了，得B就不錯了，不是頂好，不過不壞，不壞就可以了——其實，如果你們幫幫我也不至於這麼糟。」

這也是標準的把過錯推給別人的模式，大部分這年齡的孩子都有這傾向，不過，這不是我們女兒的眞正面目，從經驗，我們知道除了等她過去這一陣，待眞正的自我再現，別無他法。

果然，到十點半時，她的自我出現了，她對我們說：「爸媽，眞對不起！眞笨，功課是我自己的事，考不好當然只有怨自己，我會想法弄弄清楚的，我知道我能考得更好些。」

——琳達

善變？太多青少年都這樣子。父母面對的挑戰就是幫助那陷於情緒低潮中的孩子振作起來。有兩項看似沒什麼關係，事實上卻緊緊相連的原則，那就是自恃與潛能發揮。所謂自恃，就是爲自己的行爲負責，不怨天尤人，把責任推給運氣，怪到別人。潛能發揮？就是盡力而爲，力求完美。

自恃和潛能發揮是一種很有用的價值觀，那些具有此種價值觀的人，由於負責任，並盡力服務社會而裨益大衆；那些不具備的人，由於把失敗怪罪他人，不肯發揮其很可能使之服務他人的潛能而損及別人。

當我們接受責難，勇於負責，我們就會改變、成長、進步。否則，就成爲懷恨、嫉妒、固步自封，不求改進的人。如果我們對自己的所做所爲及才能採取引以爲傲的態度，自尊隨之增強，個性也日益突顯，否則就很可能要一生人云亦云地蹣跚而行了。

§一般性的原則

一、以身作則　要孩子們覺得你重視這價值觀，你一直在努力實踐。利用每一個機會讓他們覺得你日日在求自我改進，談論你引以爲傲並還在力求進步的才能。有什麼做得不錯的事，表現出你的高興，也毫不掩飾地認錯。說：「你知道，這是我的錯，我應該……」

二、注意孩子的潛能　找出他們的天賦，並幫他們發揮出來。我們必須在做之前先了解潛能是怎麼一回事：孩子不是泥巴，可以隨我們的意思愛捏造什麼就捏造出什麼來；孩子是種子，各有其獨具的天資才賦。我們沒法把一棵橡樹改變成一棵梨樹，不過，可以盡早發現他們是哪一種人，而設法培養、鼓勵他們成爲那種人中的佼佼者。我們必須切記，要發掘孩子眞正的才能，而不是要他們成爲我們希望他是或我們曾經希望自己是的那種人。

我們可算是這方面的專業人才了，每天還必須花費相當長的時間在孩子身上，一般父母只在孩子身上花個幾分鐘的時間，說起來，算是大不幸呢！

三、稱讚　加強孩子的自我意象與個性及自信心是培養自恃所必須的。正像花卉在陽光與雨露下綻放，孩子的潛能會在肯定與稱讚中發揮、成長、茁壯。抓住孩子有好表現的機會極力稱讚，遇有犯錯或失敗，幫助他們承擔責任，然後稱讚這種行爲，使他們了解這種自恃使原來的過錯或失敗已算不了什麼了。

§教學前年齡的孩子

悔過椅

在前面一章中我們曾提出過，是用來糾正孩子爭吵行爲的方法，孩子要離開這不舒服的椅子必須說出自己的錯處（不是對方的），這不也是教孩子自恃？——承擔責任，不把過錯推給別人？

自然的後果——獎罰

這可以使孩子了解他們的行爲可以產生好後果，也可能產生壞的後果。在家裡立下一個規矩，按照孩子的行爲表現予以獎或罰，以此培養其自恃。下面這例子也許並不適合你，不過，可以幫你選取適用於你的。

在我們家，責任的意義已經與廚房裡那塊洞洞板連在一起了——每個孩子有四根粗粗短短的木樁，每天有四類責任要做，做過一類就插一個樁，譬如：㈠早上刷牙、梳洗、整理床舖等，㈡分擔的家務事，㈢練習彈琴、畫圖等功課，㈣晚上按時上床、刷牙等。每天孩子把自己得的樁數記在一張紙上，要爸媽簽名。一週結束，算總帳，然後按照得樁數給零用錢。

得樁數少的孩子不要批評，不過，得的多者可以盡可能稱讚。

原則上這辦法適用於小學年齡的孩子，如果四、五歲的孩子也想要參加，也讓他加入。

設計你自己的辦法，辦法愈簡單愈好，而且要注意，要使孩子了解後果的好壞完全取決於他們自己的行爲。

給孩子自己做事及作決定的機會

盡可能早，盡可能多。讓他們自己穿衣服、做簡單的家事、自己決定穿那件襯衫、喝什麼果汁、自己上車下車、上椅子、下椅子等等，讓他們幫你的忙，即使愈幫愈忙也要忍耐，有一點點成就就要大大誇讚一番，而且強調他們自己做事的能力。

紀錄

這是一種可以幫助小孩從自我改進中獲致愉悅的好方法。通常，四、五歲的孩子最喜歡競爭了，如果競爭的重心放在打敗別人，會導致沒有安全感、不容忍別人等後果，而保持個人紀錄卻能幫助孩子建立「跟自己比」的觀念。任何行爲都可以列爲紀錄，從準備上床所需的時間，到投擲棒球的距離都可，只要是你認爲需加強的。要他們努力打破自己的紀錄，不要與別人比。在這種活動中，你將有很多機會跟孩子談到像盡力而爲，熟能生巧、嘗試、進步……等話題。跟五、六歲的孩子，你甚至可以採用潛能發揮這字眼，並試著向他解釋所謂潛能發揮就是尋找最好的自我。

稱讚創造性的表現，强調個性與獨創能力

幫助孩子喜歡自己獨特的自我。就像小孩子在學會唸字之前需要一遍再一遍地聽字母的發音一樣，他們也需要在對自己有信心並喜歡自己之前一遍再一遍地聽別人對他的特殊能力的稱讚。一個喜歡自己的小孩，就能夠信賴自己、承擔責任、並發揮其潛能。稱讚他的每一種努力——從試著繫鞋帶到畫一張圖畫，隨時注意，看他有沒有在學一種新事物，有沒有在什麼地方表現出特殊的才能。

和他一起爲他製作一本「我很特殊」書，封面畫上他的側面剪影，裡面記下他的身高、體重、眼睛、頭髮的顏色、最喜歡的食物、有趣的舉止、最擅長的技能等等，使他了解世界上沒有人跟他完全相同，他是獨特的。

也要幫助孩子在面對不能勝任的事時，能以「我不會做這個，不過，我會做那個」的態度處之，以助他們日後能接受自己的弱點——有些事並非只要努力就能辦到的。

遊戲——運動員精神

這遊戲可以教小孩子運動員精神與不諉過。準備一個骰子，一個淺盆與沙袋之類可擲的東西，記分用的板或紙（大概需有五十格）。

開始時，先擲骰子，每個人擲一次，按照擲出的點記分（在格子內畫記號，每分一格）：第二輪，改把沙袋擲進淺盆（在一定距離），擲進，畫六格，碰到卻未進，畫四格，只是在附近，畫兩格；第三輪再擲骰子，第四輪再丟沙袋，如此類推。（其實也可用畫正字來記分）

其實，玩遊戲時或玩畢後，你提出的問題才是教運動員精神與自恃的重點，當孩子擲骰子時可以引導類似下面的討論：

「得了幾點？」

「三點。」

「好不好？」

「差不多啦。」

「比六點怎麼樣？」

「當然比不上啦！」

「你沒得六點，是誰的錯？」

「誰也沒錯。」

「那就是了——有些糟糕事並不是由於誰的錯，對不對？當我們擲出三點或一點來，該不該不高興？」

「不應該。」

「對，下次你可能會擲得好些，高高興興地玩吧！」

當孩子在丟沙袋時，可以這樣問孩子：

「你得了幾分？」（只有兩分。）

「想不想得六分？」（當然。）

「沒有拿到六分是誰的錯？是沙袋嗎？」（不是。）

「是淺盆嗎？」（不是。）

「是畢爾一直在笑的關係？」（也不是。）

「那，是你自己的錯了？」（大概吧！）

「你盡力了，對不對？」（是呀！）

「那，也不是你的錯了，下次好好丟就是了。」

當孩子擲骰子得到高點時說：「噢，好運氣！」得了低點，說：「下次運氣會好些。」如果在丟沙袋，成績好了時說：「擲得好。」丟差了，說：「再接再厲。」鼓勵別的孩子也這樣說。

當孩子贏了，你和別的參與者一定要祝賀他，而他，要有好運動員的精神，說：「是運氣好，下次你也會贏。」而對有風度的失敗者要像對贏者一樣也要予以稱許，告訴他們在這遊戲中，只要有運動員精神就是贏了，不管得分多少。

把運動員精神解釋給他們聽：勝不驕，敗不餒，而且不把過錯推給別人。還要告訴他們爲什麼每個人都喜歡有運動員精神的人。

然後，注意孩子在日常生活中所表現出的運動員精神，並予以稱讚。

§教小學年齡的孩子

自然後果

徹底實行我們在前面所談過的「自然後果」方法，把它引用於孩子的日常生活中的行爲上。如果你採用的是木樁和洞洞板的辦法，讓他們明白零用錢的多寡端賴他們所得木樁的多少，而且絕不通融。在開始那一兩週，可以提醒他、鼓勵他記得插自己的木樁，然後，你鄭重其事地宣布「從現在起，完全看你自己的了」。你要眞的不再管這事，只有在發零用錢時看紀錄，如果記得，能自動作紀錄，就會得到報償，如果沒有，勢必要難過了。

不要心軟，要讓他嘗嘗「忘記」、「拖延」或「不持續」的後果，告訴他們「這全靠他自己，別人幫不了忙。」

自動獎

選定一天，大家圍坐一起決定誰該得此「自動獎」。——誰最不需要提醒、要求就能把該做的事（家務事、插木椿、做功課……）按時做好？幫他們作這一週的自我檢討，對每一種自動自發的行爲都予以稱讚，務必使他們了解自動自發的意義——不需要別人叫、提醒就能把該做的事，或超過分內的事做好。

讓孩子自己買衣服

這可以讓孩子同時感受到承擔責任與自恃的樂趣和束縛。待孩子有了零用錢之後，也該負起花這些錢的責任了。讓他們買自己的衣物是一種很好的學習經驗。

——在我們家，孩子八歲了，我們就一起帶他到家像樣的餐廳，主要的是介紹他進入自恃的成人社會。我們告訴他怎樣以他爲榮，他已經大到可以從木椿遊戲賺更多錢、幫弟弟妹妹更多忙，以及能夠用他自己的錢買自己的衣服什麼的了。

他們當然會犯錯：有時買得太貴，有時花得太多，有時買回根本用不著的東西，而急需的卻忘了買……。不過，他們從犯錯中學習，重要的是自恃。從經驗中，我們確知：八歲的孩子不會犯什麼嚴重的錯，而一個剛開始承擔責任的十八歲少年所犯的錯卻可能致命。在現社會中，孩子們往往在還沒學著承擔責任之前早早就取得了執照！

八歲是個奇妙而獨特的年齡，這年齡的孩子已經大到能夠自動自發並作考慮周詳的選擇，卻還不像更大些的孩子那樣對責任那一套採取嘲諷抗拒的態度，他們會喜歡自己是個負責、認眞、自動自發的好孩子的。

——琳達

商討而不控制

讓你自己扮演的角色能給予孩子最大發展自恃與自信的機會。不要剝奪孩子自動自發的機會，盡可能建議而不命令，問他們是否需要幫忙，不要不管他是否願意就硬伸出你的援手。設法注意他的愛好及他的天賦，不過別爲他決定他該朝哪個方向走，該在哪方面有傑出表現。

如果他要你幫他做功課，不要答應，不過，告訴他待他做完了，要檢查——對的要告訴他做對了，他盡力了卻仍然不明白的要幫忙他弄清楚。

待孩子明白這些字眼的意義了時，要告訴他你願意做他的顧問，而不想做他的主管。給他們解釋，他們才是必須爲自己作決定的人——決定要做什麼，要做到什麼程度……。你想幫助他，不過不是強迫他。（他們應該可以分辨這種指導諮商性的幫忙與強制性的管理的區別。）

記憶

有些兒歌、名言教他唸唸，背下來，可以把這種自恃與發揮潛能的觀念深植於孩子的心中，有一首我們很喜歡的，現抄錄於後：

我是給我自己寫傳的人，
我決定我將來會成爲怎樣，
會遭遇到什麼，不會發生什麼，
完全操之在我。

——教你的小學年齡的孩子把這段兒歌背誦下來，並向他解釋其中的意義，同時跟他討論下面的問題：

如果有什麼事不對勁，通常都該怪誰？（怪自己）

爲什麼要盡力求好？（才能寫出好傳記呀！）

還有一個詞句也應該記下來：好——最好的敵人。——高年級的小學生會了解這詞的趣味性與微妙的含義，也會喜歡參與有關的討論——我們如果滿意於「好」，會怎樣阻礙我們發揮潛能？你可以舉例來說明比較「好」與「最好」的區別。（像成績B與A，彈琴只是通過與完美，等等。）

（利用前面提出的木椿記分法加分，是鼓勵孩子背誦的辦法。）

强調運動員精神

幫孩子首先對運動員精神有明確的概念：盡力而爲，勝不驕，敗了，不但不餒，而且很有風度地認輸，絕不怪罪別人。小學生常常參加運動或其他各種的競賽，抓住每一個可資利用的機會稱讚他所作的努力，以及所表現的運動員精神，強調這兩種表現甚於輸贏。幫他們覺得怪罪別人是不成熟的行爲，認輸並有風度地對待對手才是成熟。

§教青少年期的孩子

天賦清單

這方法跟第二個月中提出的「我擅長什麼？」很類似，它能幫助青少年欣賞自己的特長，並給你一個讚美他們的機會。找個跟孩子單獨相處時，跟他討論他的特長，問他認爲自己在哪些方面比較有天賦，把你的觀察告訴他，盡可能明確地說出他的特質與天賦——小至能把自己的書籍衣物放得很有條理，大至像在數學方面的才能。

討論中也要包括：人各有其獨特的才能及其重要性，人，特別是在長大以後，看重並賞識自己遠比徒然浪費時間精力來艷羨嫉妒別人強。

問題清單

青少年會由於發現到自己所欠缺的而灰心喪志了嗎？這方法可以避免。——在討論過專長之後，再問他認爲自己在哪些方面比較弱，或有問題，盡可能以學術討論的語調，不要帶有同情或批評，儘量多聽、少講。幫他們看清認知他所憂慮的問題其實有辦法解決，我們可以靠己力來改造自我的。

討論政治

藉政治上發生的大事件讓孩子看清承認錯誤與隱瞞事實、找藉口之間的不同，譬如「水門事件」與「伊朗軍售案」。在當時，孩子們必定從新聞媒體上了解了事情的原委，不過，如果必要，你還是把事實跟他們解釋一下，然後就兩件都是美國政府的非法醜聞，可是由於兩位總統處理的方式不同，所得的社會仲裁也全然不同，而引用到我們個人的行事上。

給晚成者打氣

有的青少年由於發育得比同年齡的朋友慢而對自己產生「不如」的感覺，這需要你找機會跟他們談談有關青春期、荷爾蒙等問題了。要強調人的成熟時期並不一致，而晚成熟一定會趕上，而且還佔優勢呢！如果有有關的故事或文學作品，唸給他聽聽。

——我們的女兒有特殊的辯才，在學校裡的辯論會上沒嘗過敗績，在家裡的爭論中其長才也屢試不爽；不過，這使她由於擅於找藉口，很難認錯、接受責難，更不用說請求原諒了。

有一天，我們唸了一篇有關「找藉口脫罪與請求原諒」的短文給她聽，使她印象深刻，了解到找藉口脫罪會使人們愈離愈遠，而認錯請求原諒卻使人與人之間的關係益形親密。

而我們的共識是：犯了錯，不找藉口，承認自己的錯誤，是良好人際關係的基石，也是一顆自恃的心所應有的表現。

——理查

避免過度保護

想要青少年期的孩子自尊、自信、又自恃？不要過度保護。像晚上該何時回家等重要事情立下個明確的規定，在這範圍之內，信賴他們，並讓他們知道，你不但信任他們，而且相信他們有處理事情的能力。

這原則也適用於年齡還小一點的孩子——太多極力想做好的父母，很可能防止了孩子跌破膝蓋、折斷手骨，卻由於過分保護使孩子的自恃與自我控制得不到發展的機會。

第五個月　自律與節制

身體、精神、和經濟上的自律，在講話、飲食、與運動方面的節制。控制自己的胃口，了解體力與精神的限制，避免極端與不平衡的觀點。保持自律與自發之間的平衡的能力。

自律的含義很廣：自動自發、管理自己、把握時間、控制自我、飲食定量、……等等。

自律與節制是一體的兩面：自律是把你從做得太少的怠惰狀況提昇起來，節制是把你拉住，以免做得太多，獲致太多。

自律與節制是深遠的宇宙性的價值觀，因爲它們能幫助我們而且有利於他人，如果缺少了它們，必定會導致長程或短程的傷害。

這是所有父母必須身體力行的德行，而要教孩子，最重要，最有效的方法還是以身作則。

§一般性的原則

以身作則

在各方面，凡事務必依本月的中心德目行事，下定決心，控制自己的脾氣，把收入的一部分存起來，量入爲出地過日子，飲食要定量……等等；而且要跟孩子們談，不但要談做了什麼，而且要談爲什麼要這樣做。

數到十

這是很簡單易行的原則，覺得生氣了，要說什麼話或有什麼舉動時，先停下來，數到十。你也要這樣做，告訴孩子一些在氣頭上可能做出的舉動、說出的話，也舉例說明就由於停了那麼一下，原會傷到人的話與舉動被剎住，所謂「退一步海闊天空」。

試試看要大家數出聲來，你也這麼做，讓大家都聽到這代表家人都在爲控制自己而努力的符號。

按日程行事

什麼事一定在什麼時間做，這種感覺可給孩子安全感，也可訓練孩子在該到場時必定在場。譬如早晚飯的時間，如果必要，每天的時間雖然不一樣，可以預先告知。要孩子盡可能遵守。

時常用「自律」與「節制」這兩個詞

讓孩子從常常聽而了解，而與日常生活中的行爲連起來。譬如，當你已經添了第二碗飯了，說：「我要節制點，別吃太多。」當你注意到孩子用心地把功課做完了，說：「你已能自己管理自己了。」

使孩子更有動力訓練自己達到某種目標。讓孩子定下某種目標，完成後給予某種報償，這可以給父母更具體有力的稱讚機會，也使孩子更能持續地訓練自己完成一件事。

交易——給獎

——在我們家中，近幾年這種交易倒成爲暑期中自律訓練的大好動力。通常，在暑期開始，我們坐下來讓孩子發表各人希望在暑期中完成的事——有的希望練網球，有的要練籃球，有的想彈奏哪一首鋼琴曲，有的要把小提琴學會，有的想要看世界名著……當他們決定了目標，並提出了希望得的報償，交易就開始了。通常，我們會對他的目標提出或多或少的修正，作一番討價還價。譬如，十歲的兒子所提出的目標是：在暑期這兩個月內要每天（星期天除外）作十個伏地挺身，每兩週看一本書，每週五天整理床鋪。報償是一百元服裝費。我們還的價是：每週看一本書，每天整理床鋪，外加每天兩餐什麼菜都要吃的正餐，孩子接受了，列了表以按表實踐。

交易因年齡而易，年齡小的孩子需要時間短些，還要不時予以提醒，年齡大些的就需要自己負責儘量少提醒了。

——琳達

§教學前年齡的孩子

工作第一玩樂其次

分配給三、四歲的孩子一些簡易的工作，（像關樓梯的燈，把餐椅推進桌下，餵狗等）堅持必須先把工作做完了才能玩或看電視。然後，稱讚他們把工作按時做完，誇他們幫了你好大的忙，然後開始把紀律的意義灌輸進小腦袋裡——告訴他：「紀律就是你已夠強壯來做應該做的事了。」

規定上床與起床的時間

幫助你的孩子有「守時」及「頭腦比身體強」的觀念。給學前年齡的孩子嚴格地規定上床的時間，要他們學著看鐘，自己訓練自己按時上床，（當然，你仍然需要提醒他）告訴他，如果他們已經夠大能按時上床了，你就給他買個鬧鐘早上叫他按時起床。你要注意他是否做得到，有了鬧鐘是否能聽到鬧鈴聲就醒來，把鬧鐘關掉，而且按時吃早餐。如果做到，別吝惜你的稱讚。

木樁與零用錢

這種我們曾在第四個月詳細介紹過的方法可以使四、五歲的孩子開始自我訓練，而且教孩子自律與節制上功效尤其顯著。重閱一下第四個月，採用這種有自然後果的方法加強本月的中心訓練。對孩子解釋清楚，所謂自律就是不用別人說就把事情做好。

太多了遊戲

這種遊戲可讓小孩開始對節制有初步的了解。解釋給他們聽：有時候太多反而沒有太少好。玩法是：你說「太多」，讓孩子說出他不願做或有太多的事或物，並解釋太多了會怎樣。

——太多食物（可能長胖）

太多運動（可能很疲倦，甚至受傷害）

太多糖果（可能會得蛀牙，胃口變壞）

太多電視（使我們沒空遊戲、學習……等好多好活動。）

太多調味料（嘗不到食物的味道了）

洗太多澡（可能把皮膚洗掉）

我們家四歲的艾里是個電視迷，我們試著就這件事教給他自律與節制，可是效果不大，於是我們硬性規定，在平時（不是假日）不准看電視。小傢伙滿蘿筐理由，說什麼那是上學了的孩子才要遵守的規定，而他明年才入學，至少該看卡通……。

助力有時會從你沒想到的地方出現——我一向對統計數字極有興趣的十四歲兒子聽到了上面的爭論，插了進來：「據統計，大多數美國家庭每天開電視的時間是七個小時，而在一九七〇年代是三個半小時。按照這種成長率，像艾里，到十八歲時，就已看了四萬個鐘頭的電視了。」

這種數字也許還不是小艾里所能眞正了解的，不過，他既然一向把哥哥視作偶像，爭論也就到此爲止了。

——理查

§教小學年齡的孩子

工作第一，玩樂其次獎

跟前面討論過的給獎辦法一樣，找個時間大家坐下來，檢討一週來誰最有資格得獎——檢討誰做到了像：在朋友來之前先把功課做完，在出去玩之前先把該做的工作做完……等。你自己也要參與，舉實例說出自己在做自己想做的事之前，先把該做的做完的經驗。討論在做完工作之後再玩，會玩得高興多了。

我們也試過給「看看有什麼需要做的獎」，意在鼓勵孩子不必吩咐能自動做需要做的事。

如果家中有壞脾氣的問題，也可設計「控制獎」或「數到十獎」。

延後慾望的滿足

像上面這種訓練孩子自律的方法常常由於給得太多，孩子的慾望很容易就得到滿足，而達不到預期的效果。幫急欲得輛新腳踏車的孩子計畫一下：要以什麼價錢買輛什麼牌子的？最遲何時達成？擬定個儲蓄計畫，使他從這種長時期的實施中，更了解自律的意義，並領會其樂趣。使他察覺出毫無思慮計畫，貿然行事、花錢的後果，與這種透過計畫、儲蓄、與等待而有的後果是怎樣不同。

家庭銀行

家庭銀行是教孩子自律與節約的好教師。一個蓋上有可以把錢投進去的縫口，可以鎖起來的大箱子就行。告訴孩子，他們可以花他們自己的錢，不過，也可以把一部分存起來，錢存起來可以生利息，可以積少成多，以後派較大的用場。給他們做本存摺，存錢、取款都登記下來，待長大到可以在正式銀行開戶了時，給他開個戶頭，這一方面是學習自律，一方面也是學習管理金錢。

選擇適度與無限制遊戲

這遊戲是用來教孩子一個事實：有些事適度很好，可是過量就不好了：有些事不管是多還是少都不好。

準備三張卡片，分別寫上大大的「適度」、「避免」與「無限制」。你舉出某種事物，要孩子依事物的性質舉起卡片。下面是我們想到的一些事物，你當然應該接著開列下去，如果發現孩子有混淆不清的情形要停下來解釋、討論。

——吃東西、吸毒、閱讀、運動、看電視、罵人、微笑、飲酒、到朋友家玩……。

記憶

以記憶短句名言使自律與節制的觀念深植於孩子的下意識內。我們採用的兩個滿好記，又非常重要，也可以寫成標語貼在牆上，每日隨時抬頭即見，印象自然深刻。

其一是：現在就做。另一是：意志強於床鋪。前面一個是用來克服拖延懶散，後者是促其起床做功課、練琴、什麼的。視孩子的行爲，後者也可改作「意志強於美食」、「意志強於肌肉」等。

音樂課

音樂課對自律訓練是一種目標明確的挑戰，不容易，不過很有效。很多父母都願意自己的孩子接受音樂教育，不過，想要學習有成所需的自律能力卻常常高不可攀。一般小孩剛開始時多半很有興趣，勁頭很大，可是，能使自己按規定定時練習的卻不多。

——我記得很淸楚，母親堅定地站在我身旁，我坐在鋼琴前滿臉淚水，因爲沒有彈完琴不能出去玩！而母親毫不動搖：「有一天你會爲此感激我的！」

雖然我曾度過不少內心充滿怒火的時光，眼淚流了有幾噸，不過，她對了，我繼續學了下去，大學主修音樂，而發現音樂加深了我的深度與自尊。

——琳達

孩子開始學樂器了，通常需要爲他買個鬧鐘，以幫助他能按時練習；也需要一些規定：什麼時間練習，什麼時間不適合練習等。使孩子能按時練習。通常父母需付出不少精神——獎勵、稱讚、威脅、甚至賄賂……。有時有效，有時沒有，自己決定適合你與孩子的，好好運用，是孩子的音樂教育，也是你跟孩子雙方面的自律訓練。

——從孩子的音樂課，我學到的是：音樂課比起與孩子的關係來，沒那麼重要。

兒子在音樂方面好像滿有天賦，可是使他按時練習卻需要我不停地嘮叨、催促、叫……。母子關係愈來愈糟，終於有一天，我驀然驚覺，要他把鋼琴課停下來，日子又好過了。

過了一年，我們作了一次長談，終於，他同意要更自動自發地練習，而我也決定訓練自己不再嘮叨；他又回到了鋼琴前，情形的確好多了。

——琳達

教孩子訂定並實現目標

這並不是每到元旦才來一次的「檢討過去，計畫未來」，隨便什麼時間都可以，而且目標可以定得近些——一個月的，一週的……。和孩子坐下來詳談，要他們發表，你將發現他們會想到許許多多奇妙的念頭，有時他們自己也會發覺他們的念頭超過現實，不過，總是很好的學習。目標既定，記下來，還是畫下來；然後，促其實現。

稱讚

在教孩子自律這事上，稱讚可能是最重要，也是最管用的方法。不在孩子沒有做其該做的家務事時表示你的不滿，而在他們做了時表示出你由衷的稱讚與高興。不說：「眞想不到吉爾會不用講就把碗洗了。」而說：「你不用提醒就把亂七八糟的晚餐桌收拾好，媽媽眞高興，好像都不累了。你越來越能自動去做需要做的事了。」——他重複這樣做的機會會增加十倍！信不信由你。

下次見到兩個孩子在一起高高興興地玩，停下來告訴他們你的感受，而不是在看到他們在爭吵時生氣。——每一次嘗試給予由衷的稱讚都是黃金投資。

§教青少年期的孩子

持續選擇適度、避免與無限制遊戲

藉此與青少年討論節制與自制。依在前面教小學年齡孩童內所提出的方法，把內容擴及與青少年有關的問題，例如：「夜晚在外一直逗留到非回家不可的時間」、「一直跟同一人約會」等。

禁食

此舉可以使孩子體驗一種以思想控制肉體的感覺，是一種身體的訓練。找一個休假的日子，全家作二十四小時（從晚餐到晚餐）的禁食，孩子們通常都會贊成這種挑戰與實驗的。利用此機會討論現在世界上有三分之二的人口都掙扎在饑餓中，不過，重要的還是這種克制住慾念的感覺。告訴他們，身體上的任何慾念都是要你放縱自己，不過，意志會駕馭肉體與情感，而這種駕馭是自律的最好解釋。

早起

早起的習慣讓孩子有機會感受「意志強於床鋪」的滿足感。在本月中，試試看每天早上作「家人朝會」——在早飯前作五分鐘的集會，簡報家中每一成員在這一天中要做的事，時間要規定在家人有足夠時間吃早餐之前。

——同是一家人，生性習慣卻可能相差十萬八千里。我們家在實施「早會」期間，有兩個孩子總是準時到達，而另兩個卻非有人把他們從床上拖起來不可——兩隻雲雀，兩隻貓頭鷹。兩隻雲雀在與會時都是已穿戴整齊，吃過早飯就可從從容容去上學了，而貓頭鷹們？睡眼惺忪，身上穿的還是睡衣。

我們曾企圖要貓頭鷹們向雲雀看齊，可是辦不到，於是改變策略——不要求衣著整齊與會了。他們在早餐後必須匆匆忙忙趕上學，那是他們自己的事。

——理查

學習預先作決定

預先作決定可以幫助十幾歲的孩子客觀、頭腦清楚地選擇，以免事到臨頭意氣用事作了錯誤的決定。很多關係著孩子一生的抉擇常常是由於未經訓練，一時衝動下作的，事後雖後悔卻難以抽身回頭！所以，我們做父母的能在還來得及時麻煩一下，當可省卻太多日後的焦慮痛心後悔……。許多青少年可能遇到的關鍵情況應該可以想像出，幫他在事未來臨之前先設想一下，在何種情況之下該如何作決定。譬如：在同伴的壓力下嘗試吸毒、飲酒、性行爲等，儘量逼眞地描述可能的情形與感受，要他們思量自己將要如何處之：怎樣做？怎樣說？

在「第二個月」中我們也曾提出此建議，如果你並未實踐，現在務必試試：要孩子把他所作的事先決定寫在隨時可看到地方（日記的後頁，抄在紙上壓在玻璃板下……），不吸毒、不喝酒、不涉及性行爲、一定要讀完高中，並且不放棄考大學需要的科目……。

這類的預作的決定，透過你的幫助深思過，又認眞地在日記上記了下來，可能成爲效能卓著的救生員，也將是自律與節制的指標。

與孩子共同規定行爲的限制

這會給十幾歲的孩子安全感，使他們了解你的關懷，並提供訓練自律的機會。跟你十幾歲的孩子坐下來共同討論釐定他應該遵守的規定與標準，使他在步入成年這階段前有練習自律與節制的機會。下面是幾個建議：

一、規定最遲該何時回家。沒有必要把時間定得太遲，很多問題都是出於夜間在外遊蕩。

二、限制夜晚外出的次數，限制看電視的時間，限制需要節制的事情。共同協商的限制規定會使青少年易於遵守。

三、和同一個異性朋友連續約會不超過兩次，在第三次約會之前與第三者約會一次。

介紹一種簡易的計畫書

幫助青少年期的孩子計畫時間與精力，增強其自動自發的能力，以與自律相輔相成。試試看教孩子如下面這樣作計畫（你自己不妨也試試看）：

一、在計畫紙上端先列出你在當天第一優先要做的事（分工作或學校、家庭、及個人三方面）。

二、下面從中央畫一直線，在左欄寫下你得於何時之前做完何事（包括上端所列的優先事項）。

三、右欄空白。然後留意當天有什麼比你已列出的更有意義、更值得做的事，優先要做的必須要完成，也要設法自動自發地做一兩樣表上未列出的。

這樣實踐過一兩個星期之後，開家庭會議檢討結果。

第六個月　忠貞和貞操

婚姻中的忠貞與婚前的貞操。婚姻的約束包括性行爲。探討性行爲的不貞與不道德所可能產生的後果。

在此愛滋病猖獗的時代，談論這問題似乎比過去這數十年來容易得多，過去那些單純從哲學、道德的立場堅持的人，如今能夠獲得衆多由於實際的理由而有的贊同了。不管你的觀點如何，如今，身爲父母，你絕沒法推卸這項攸關子女生命的重大職責。

許多自己在少年期未能做到堅守貞操的父母，現在多希望孩子能做到，這並不是僞君子心態，不必覺得不好意思。這是個特殊的時代，有它獨特的因素，使我們不能不重視這個問題，而那些從自己的錯誤經驗中得到教訓的更有理由要幫助孩子勿蹈覆轍。

忠貞在婚姻中所佔的地位是不容忽視，難以駁倒的，要培養這種操守須從幼小時開始。

——當我們的孩子過八歲生日時，都要接受一種意味著過渡到生命的另一境界的儀式——從小孩過渡到半成人，從只是受教於人成爲可以教人，從對性與生育毫無所知變得可能開班授課了。

在前好幾星期，我們就開始不斷地把信息傳給他，告訴他待他滿八歲時，他會獲得一種新的特權，一種新的責任，可以學到一些有關「世上最美妙之事」的知識。

待那重要的日子到來，我們把這嶄新的八歲兒童，帶到家好餐廳去，盡可能地像對待成人般禮遇他，告訴他我們將給他更多的責任，像自己買衣物、多負擔家務事以賺取更多零用錢等，當然不要忘了表示以他爲榮及對他的賞識。（如在前面我們曾提出過那樣。）

然後，我們回家接下去談有關這「世上最美妙之事」的體己話。我們利用圖畫與圖表以淸楚明瞭的詞句向他解釋生命的起源，有本兒童讀物「我從何處來？」是我們最愛用的教材。我們鼓勵他提出問題，不時問他懂不懂，注意他的表情，看他是不是完全了解，是否接受。

然後，我們特別強調出：像性這樣神奇而重要的事，我們必須珍惜，聰明的人一定會謹愼使用，一定要留起來給一個人——給那把終身委託給你的人，使之成爲從未給過別人的結婚禮物。

孩子會接受這種觀念的，能把這樣一件如此美妙純屬個人，又可創造小孩的神奇的東西留起來，小心使用，他們似乎覺得是很自然的事，他們似乎也能領會在兩個人結婚之後，性是一種特別的表達愛的方式，不應該濫用於婚外的關係上。

我們也提到愛滋病，以及濫性交的危險，也討論到如果能實踐此項原則，誰會獲益，何以會獲益；相反地，如果亂來，會如何傷害到哪些人。

——**理查**

八歲，討論上面談到的問題也許太小了，不過，根據下面的兩個重要理由，我們認爲是最恰當的年齡；首先，你不跟他談，別的孩子會跟他談，而很可能所得知的是負面的、荒謬的知識。再來，八歲是個好奇而天眞的年齡，他會以純眞、無邪的心來接受你給他的知識。

當然，單單這樣談一次是不夠的，不過，像這樣一個晚上，足以建立起相當的基礎，而信賴之門已開，類似的討論會繼續發生。

在教孩子忠貞與貞操時，切記要強調性的奇妙與美好，不能隨便在沒有婚姻的信約的情況中給與，甚至思及也不要。像把它想作齷齪、罪惡等負面觀念最好避免提及，如果被提出要予以駁斥。

——我已與十幾歲的女兒談過何以在性方面的貞操如此重要，應該珍視，她並不是不同意或反抗，只是，正處在對任何限制都視爲束縛的年歲，她曾提出：「爲什麼有這麼多限制」的質問，我曾經告訴她「貞操跟其他德行一樣，不是放棄什麼，而是獲得」。不過，好像還不夠。

突然，我想到了英散文家G. K. Chesterton在「一截白粉筆」一文中所隱喻的——他正在野外寫生，是以粉彩筆畫在褐色紙上，各種彩色都帶來了，獨獨忘了白色。他能不用白色完成這幅畫嗎？不行，因爲白色並不是沒有色，著白色的地方並不是空白，它被畫家著在畫面上有其重要的作用……。

在Chesterton心目中，德行並不是沒有錯，而是對的履行。是將光彩著於生命中的粉筆；憐憫不是不殘暴或不報復，貞操不是節制錯的性行爲，而是像太陽一樣發出光芒照耀大地……

——理查

孩子的性教育與性道德必須由父母來教的主要理由有二：㈠父母能採取溫和親切的態度，不像在課堂上老師那種就事論事的學術性講解，又可避免玩伴傳授時常加上的荒誕、齷齪的色彩，㈡當父母跟孩子談這種體己話時，會產生一種相互間的信賴與交心，父母——子女間將形成一道情感繫帶。

§ 一般性的原則

以身作則

讓孩子感受到你有多看重這操守，以及這操守帶給你的幸福與安全感，讓他們覺出你與你的另一半是如何彼此相屬。像上班前的吻別、牽手等表示愛與相屬的身體接觸要讓孩子看到。

在家中公開討論性問題

儘量利用機會提出評論。像電視節目、電影、雜誌、音樂、服裝款式等都會提供話題，跟八歲以上的孩子（已經依我們所建議的談過）盡可坦然地談，談你認爲合乎道德標準的，不合道德標準的，而標準是：是否加惠於人於己，是否傷害到人或己。

留意周遭青少年的行爲，如有跟荷爾蒙啦，發育啦有關的，提出來談談。

要強調灌輸給他下面兩種印象：㈠性，青春期的感受與改變，它引起的那種對異性的吸引與感覺是自然的、美好的，而且神奇的。㈡由於性是自然而美好的，由於它神奇而其威力，與創造新生命有關，我們必須把它與愛、相屬聯結在一起。

§教學前年齡的孩子

教他們認識身體各器官的名稱與功能

要用正確的詞句。要孩子看清男女孩子身體構造不同的部位，利用洗澡的時間談論人體的美，談肌肉，談骨骼，談身體的構造及發育，身體可以鍛鍊成更強壯，傷口及骨折可以復原得像新的一樣，男女身體不完全相同，可是各有其美與神奇處。

適度回答孩子的問題

鼓勵孩子提出問題，而爲滿八歲時的討論作心理上情感上的準備。當小小孩問：「寶寶從那裡來的」時，告訴他是從媽媽肚子裡的一顆種子長出來的；如果他再問：「那種子是怎樣到媽媽肚子裡的？」告訴他這是有關世間最美妙之事的一部分，待他八歲時，你會告訴他：也許他會問爲什麼要等到八歲，那就說：這件事是如此重要，又如此美妙，他必須到八歲時才能了解。

有了這基本原則，你就可應付任何問題了——回答一般性的部分，比較特別的部分就以等到八歲時再說交代。譬如說，小孩問：「為什麼男孩與女孩不一樣？怎麼男孩有小雞雞而女孩沒有？」你就說：「男孩女孩各有其不同的美，這也是何以男孩與女孩會彼此吸引；而男孩有小雞雞並不是只為了噓噓，還有另一種極為重要的任務，不過，那要等到你八歲時才告訴你。」

以自身榜樣與討論教孩子適度地穿著

即使在家裡也要適度地穿衣，並告訴他們我們的身體是如此美好特別，需要好好保護，不要隨便顯露出來，這可使孩子對身體產生一種既引以為榮，又需保護的感覺。

不要吝惜愛撫

摟一摟，抱一抱，親一下，拍拍肩，打打背，都是小孩需要的親密動作，從出生開始，一直到入學後，你必須大量給予，（並不是入學後就不需要了，只是隨著他的成長，不必給那麼多了。）這可以給孩子安全感與歸屬感，而防止所謂「肉體接觸飢渴症」，而有此傾向的孩子成長後很可能會從同伴那兒尋求滿足。

§教小學年齡的孩子

充實自己有關的知識與了解

使自己能正確地回答孩子的問題，並具有充分的信心。到圖書館或書店裡，找出這一類的書籍，不只了解有關的知識，而且預先想好該用什麼字眼，如何簡單而明瞭地告訴孩子。

八歲時的討論

根據在本章開頭時的「故事」，在孩子八歲生日時爲孩子建立一個清楚、正面的性觀念，找一本或幾本你覺得適合的圖畫書——至少要包括下列各重點：

一、身體各部位的名稱。

二、男人與女人天生的吸引力。

三、性交爲一種表達愛與委身的方式。

四、精蟲使卵受精而形成胚胎的過程。

五、性交是美好而奇妙的，因爲它㈠是嬰孩的起源，㈡是男女之間表示彼此相愛的一種方式（就像接吻與摟抱一樣，只是深得多，特別得多，所以我們必須珍惜，留待結婚後夫妻之間給予。）

也要告訴孩子：別的孩子可能把這件事看成是齷齪的、愚蠢的，那是因爲他們不了解，他們的父母可能沒告訴他們。

還要鼓勵他們提問題，問他們是不是了解，告訴他們什麼問題都可以問，什麼時間都可以。

後續討論

爲了加強你曾經與他們談到的知識，你必須盡可能找機會（特別是在他八歲生日過後那幾個禮拜或幾個月）跟他繼續討論這問題。譬如在陪他上床睡覺時，在他床前坐下，或在他身邊躺下，回想他八歲生日那天所談的話，問他有沒有問題。

在孩子再大一點，跟他談談青春期，那些青春期會發生在身體上、情緒上的變化，還有夢遺（如果是男孩）。回想一下你自己的經驗與感受。

遊戲——嬰兒長大需要些什麼？

這遊戲主要目的在幫助青春發動期即將到來的小學年齡孩子，開始從「性是嬰兒與家庭最重要最美好的起始」來認識性。找一些木塊或棋子等可以疊起來的東西，在一面貼上下面列出的字句：

爸爸的精子
媽媽的卵
食物
衣服
教他、幫助他的人
愛他的父母
和樂溫暖的家庭
長大成人的良好榜樣

先不要讓孩子看見木塊上貼的字句，（不妨像玩麻將牌那樣擺在你面前）問孩子：嬰兒形成、長大需要些什麼？孩子說對一樣，就把那棋子拿出來，疊成一疊（意味著成長），如果需要，提示一下沒有關係，在玩時或玩完了，提出問題：所有的孩子都有這個嗎？男人和女人必須結婚才能給這個嗎？等等。利用此遊戲及問題讓孩子明白：嬰兒的成長需要很多東西，而性行爲只是第一步，如果沒有其他的，嬰兒絕不會長大。更要強調：不想爲嬰兒提供其他他賴以成長的條件的人之間，不應該發生性行爲。

討論

幫助大一點的小學生開始感覺到：當性是愛與彼此相屬的一部分時，會比只是試驗或自我滿足更美好更令人愉悅。從電視劇或電影的情節中不難捉住適時的教材，而一般說來，男女發生性行爲的理由大概有下面六種：

一、試驗性（嘗試一下是什麼滋味）

二、自我滿足（有需要）

三、自我意象（證明自己能）

四、求接納（爲和別人一樣，或免得被遺棄）

五、愛（爲了愛對方，希望給對方快樂）

六、愛與相屬（以之爲表示愛、相屬、信賴、溫柔……）

說明前面五種都不是好理由，因爲都有傷害別人或自己的危險。出於前四種理由而發生性行爲，肯定會使至少一方面留下罪惡、被利用、或自私等感受，而待懷孕或染上疾病，身體上、情感上所受的傷害就更劇更深更複雜了。即使第五種理由也可能形成傷害，因爲親密的關係是建立起來了，可是沒有相屬的約束可能破裂，傷害會更深。

§教青少年期的孩子

水泥的比喻

這種比喻可以幫孩子了解忠貞在婚姻中的重要性，找個單獨相處的時間，跟他談談下面的比喻：

建造房屋需要很多材料，其中最重要的該是水泥，水泥把各種材料固定在其恰當的位置，造成堅固的房屋。家庭也是，形成一個快樂和諧的家庭有很多因素，它需要家人彼此的關懷、互助、與容忍，當然也需要經濟上與情感上的支持，不過，眞正使一家人凝聚在一起，使父母孩子充滿自信與安全感的還是父母間彼此的忠貞。如果父母中有人不貞，會形成嚴重的情感緊張，即使不分居沒離異，夫妻之間的感情與相屬感已失，如同房屋沒了水泥，想不塌也難。

馬與韁轡的比喻

這比喻可幫青少年領會到性的力量及必須予以控制的特質，而且，跟前面所討論的比喻一樣：有趣而具啓發性，不會讓孩子覺得你在說教。同樣的，找個獨處的機會（開車去什麼地方啦，臨睡前啦），依下面的順序與他談談看：

韁轡對馬有什麼作用？（控制馬，使牠依我們的意願行動。）

還有沒有更完全的控制馬的方法？（栓起來，綑綁起來，射殺。）

爲什麼這些辦法大家都不願使用？（會剝奪了我們擁有一匹馬的樂趣與目的。）

爲什麼要費心控制馬？（牠可能帶著你狂奔，把你摔下來，使你受傷。）

現在，談到重點了：我們的性慾與馬有何相似之處？（都是強而有力者，都可能比我們強烈。）

爲什麼我們要控制性慾呢？（它可能會把我們帶走，使我們受傷害，或傷到別人。）

性慾是邪惡的壞的嗎？（不，就跟馬一樣，它不壞，是美妙的。）

我們怎樣才能完全控制它呢？（發誓抱獨身主義，設法不注意它，克服它。）

爲什麼不這樣做？（因爲性慾雖然強烈，卻是正當而自然的，不應全然抹殺。）

那怎麼辦？（控制它。）

如何？（事先就下決心要約束自己，在婚姻中要忠貞。）

討論

爲了使青少年期的孩子徹底明瞭：何以會有性行爲濫交發生，及實際又管用的避免辦法，在他或她已開始與異性朋友約會之際，與他或她依序作下列討論：

一、重新檢視一下婚前約禁性行爲的理由：

生理方面：愛滋病、性病等。

情感方面：傷害與不安全感。

社會方面：保守遠比隨便的聲譽好。

精神方面：過早的性關係妨害一個人對課業或別的精神方面的追求。

二、說明研究調查的結果發現：大部分涉足性行爲的青少年，男孩子多由於證明自己能，藉以向同伴吹噓，而女孩子多由於情感上的因素——渴望被接納、不被摒棄、尋求安慰與安全感等。問他們這是否是好理由，舉身旁的實例說明。

三、指出大部分想使對方踰越其認爲正當的樊籬時，提出的理由多爲：㈠如果你愛我，你就會答應。㈡我認識的人都有肯這樣的女朋友。（採取主動的多是男孩，不過並不是沒有女孩引誘男孩的情況。）

問他們這些理由什麼地方不對。（愛是要尊重對方所認爲對的，而不是以之來操縱對方，使其放棄原則。別人都這樣做？他怎麼知道？何況，即使是這樣，也不是應該做的好理由。）

四、告訴他們那句很適用於企圖以身體的媚力來吸引異性的諺語：It works fast, but doesn't last.（很快，可是不持久。）當我們用我們的個性、幽默、眞正的自我來吸引異性時，雖然需要的時間較長，可是持續的時間也長。

五、避免孩子太早、或無所謂地發生婚前性行為。還有一種最有說服力，最可靠的方法，那就是先設想一些可能的情況，自問自己現在會如何應對，用具體而詳細的詞彙描述情況，（單獨相處、黑暗中、已被激起、被吸引等……）不要只用形容詞描述，要描述實際情景，然後問孩子將如何應對。要他就每一種情況單獨思索，並在心中預演。（我會坐起來，說：「現在我要回家了。」把鑰匙插入發動器，開始發動車子……）

告訴他，像這種內心預演，會使事到臨頭時，依事先的決定行事來得容易些。

延後單獨約會的年齡

這樣會使孩子有時間在精神方面與情感方面達到某種程度的成熟，使他們有機會成長到能控制自己生理上的自我慾念。十幾歲的孩子單獨約會，至好是無意義、沒重點，至壞呢？大至可成為其一生錯誤選擇的開端，影響其一生的幸福與安全感。十幾歲的少年應該是享受一夥人一起的樂趣、以及沒有壓力、沒有承諾與信守的活動的年歲。什麼是合宜的年齡？十五、六歲不算太晚。（在國內也許眞太早——譯者）依你的看法與想法訂定出一個你們家中的限制，跟孩子好好討論一下，使他們了解所以有這些限制不是由於對他們缺少信賴，而是出於愛與道理。

——有時，我們所給孩子的最好勸告往往是在沒經過深思熟慮隨口說出的想法，我有個朋友告訴我，當他十六歲的女兒在與男友約會很晚才回來時，對他說：「爸，我要跟羅伯固定交往了。」

他已經睡下了，迷迷糊糊地問：「你是說只跟他一人約會？」女兒說：「對。」

想到時間太晚了，決定先不談這問題，轉過身之際嘟噥了一句：「眞不懂你們爲什麼想結束你們的關係——通常固定交往的意思就是這樣！」

顯然，女兒把父親的話想過，第二天聲稱改變主意了。 ——理查

在家裡給予身體上的愛撫

這可以增加青少年期的孩子的安全感，減輕其從約會對象那兒獲致滿足的慾求。利用他們即將出去約會的機會，摟摟他，拍拍他，告訴他你愛他、尊重他、並

信賴他。

誰獲益？誰受傷害？

藉此遊戲回顧重溫一下本章中所討論的重點與原則，提出各種可能發生性行爲的情況（婚姻、早期約會、未婚同居、夜宿……），然後問：誰會因此獲益？誰會因此受傷害？要孩子回答（要逐一問答），任討論自然持續，你要找機會說出你覺得需要說的。

討論不道德與非道德

這可幫助孩子對現今的音樂或媒體所傳送出的「非道德」訊息有感，而且認知其危險性。找機會與孩子討論這兩個字的不同：「不道德」通常係指違犯法律或不合道德，是錯的，可以辨認出是錯的；而「非道德」卻是與是非無關，根本沒有是非觀念的。說明罪惡與錯誤行徑，不管是在現實中，還是傳播媒體中，都是顯而易見的，可是「非道德」卻是非常隱晦的——根本不管是與非。非道德的傳播媒體或音樂，以一種輕率的、愉快的態度銓敘違反忠貞或不正當的行爲，完全不顧其可能形成的後果——傷害或罪惡。

舉例說明之。

全家達成共識。要留意非道德，設法找出，並共同討論。

第七個月　忠誠與可靠性

對家庭、雇主、國家、教會、學校、以及其他有相屬關係的機關團體的忠誠。支持、服務、貢獻。持續而可靠地做所承諾的事。

§一般性的原則

强調你自己的可靠性

在家中，父母每天都在實踐著各式各樣代表可靠性的諾言，可是，孩子們早已習以爲常，不予注意了，更不用說以之作榜樣了。所以，爲了提醒他們，以達到身教的目的，你不說：「我會在放學後去學校接你。」而說：「我會在放學後去接你——準三點半，放心。」不要就不聲不響地到孩子的學校去看他參加足球賽或音樂發表會，而告訴他：「不管多匆忙我一定會去，因爲我願意和你一起，支持你。」

時常告訴孩子你總會在約定時間到達，他可以信賴你，當他有困難時，你一定會在他旁邊支持他。說了一定做到，答應了的事絕不黃牛，使可靠性與忠誠成爲你的信譽，因爲這是培養孩子這種德行的最佳途徑。

感謝並稱讚孩子的可靠行爲

如此以加強這種德行，並讓孩子察覺它在日常生活中所佔的重要地位。當他按時出現在餐桌前，要謝謝他；在他幫助或支持小弟弟小妹妹時，要謝謝他；當他完成了預定的工作時，稱讚他……在本月中，他的每一樁與可靠性、忠誠有關的行爲都要注意並以感謝讚美強調，絕不視爲當然。

§教學前年齡的孩子

萊西的故事

以這個小故事讓小小孩對這兩個詞有個初步的認識，你可以隨自己的需要加以潤飾，使之更能發揮效能。

比爾住在農場上，有寬廣的生活空間，所以他的父母讓他養一隻狗。他給他的狗起名叫萊西。每當他叫牠的名字時，萊西就會跑來；每當他伸出手時，萊西就會把前爪放在他手掌上與他握手——萊西是隻很可靠的狗。

萊西總是跟著比爾，夜裡就睡在他床前，如果比爾遇到什麼麻煩，萊西總是在旁幫忙——萊西對比爾眞忠心，牠這樣忠心是因爲牠關心他。

有一天，比爾來到一個牧場，牧場上有一隻大公牛，公牛氣勢洶洶地朝比爾衝過來，比爾大聲叫他的忠狗，萊西飛奔而來，對著公牛狂叫，公牛退回草地吃牠的草，比爾有驚無險，因爲他有一隻忠心可靠的狗。

遊戲——選擇正確的答案

這遊戲可以幫助已經開始閱讀了的小小孩了解忠誠與可靠這兩個詞。在卡片上寫上這兩個詞，還有其相反詞。像這樣子：（其實怎樣寫無所謂——譯者）

忠誠	不忠誠
可靠	不可靠

告訴孩子你要講一些人的小故事，聽聽看，他們的行爲屬於哪一種，指出來。

㈠提姆的爸爸問他要不要幫忙把車庫裡磚塊堆疊整齊，他說：「好」，可是他忘記了，沒去做。（不可靠）

㈡珍妮的學校發起在停車場上爲人洗車籌錢的活動，學校希望能參加的人到場盡一點力，不過沒有規定必須去；珍妮去了，而且帶了水桶抹布。（對學校的忠誠）

㈢克莉絲在家裡被分派的工作是每晚擺餐桌的碗筷，她幾乎從未忘記過，總不需要媽媽提醒。（可靠）

㈣湯米在公車上和兩個女孩坐在一起，有一個女孩說了一些湯米的好朋友吉姆的壞話，都不是眞的，湯米什麼也沒說。（對朋友不忠誠）

㈤傑西的弟弟晚上參加棒球比賽，傑西的功課很多，他在弟弟比賽以前拼命趕功課，待比賽開始就跑去給弟弟加油。（對弟弟忠誠）

㈥隔壁老太太院子裡有一棵她心愛的植物，她去度假前要求瑪琍替她澆水，時間是一星期，瑪琍答應了，可是澆了四天以後就忘記了。（不可靠）

㈦當班上宣讀人民對國家的誓言時，愛麗絲總是專心默想，深以爲美國公民爲榮。（對國家的忠誠）

家庭傳統、銘言、口號等

使小孩感覺到屬於一個有凝聚力的家庭，有一個可以表示忠誠的組織。想出一句簡單的家庭銘言什麼的，每天全家說說，過一陣子每週說一次。建立一種簡單的家庭傳統（過節或過生日的方式等），每年可重複一次；也要推展支援家人舉辦活動的傳統（像參與家人參加的比賽活動、表演等）。

請求而不是吩咐小孩做事

當小孩由於你吩咐而去做什麼時，所學到的只是順從，而如果你以堅定而尊重的口氣要求他，他所學到的就不只順從了，連帶著也學到了可靠。

一般說來，當你吩咐孩子做什麼時，遭到他不願意、抱怨、找藉口的機會會比你以請求的口吻時多。別忘了用「請」字，而讓他覺出你期待的回答是「是的」，而這「是的」就成爲你可與可靠繫在一起的約束——做你答應的事。

再來一次

給小孩第二次表現可靠性的機會——當小小孩沒做到把答應做的事做好，說：讓我們重頭來過，這次要做好。讓我們做個可靠的小孩。讓我們假裝我沒有要求你做那事，現在我要要求了，看看你要怎樣？

§教小學年齡的孩子

相似詞相反詞遊戲

這遊戲可使小學高年級或初中的孩子對這兩個詞有個徹底清楚的了解，像問：「可靠有哪些同義字或相似詞？」（可依賴、可信賴、可敬的、可預期的……）「忠誠呢？有哪些同義字與相似詞？」（護衛、參與、忠於……）「忠誠的相反詞呢？」（不認同、出賣、偵探、只爲自己……）「可靠呢？相反詞有哪些？」（不可靠、不可預期的……）

討論

幫助孩子對這兩個詞有更清晰的觀念。問他們：可以對誰或什麼忠誠？（國家、教會、學校、雇主、朋友、家人……。）問：誰能夠信賴他們？（父母、老師、朋友、雇主……。）

真忠誠假忠誠之討論

幫助孩子看清「忠誠」與「不鄙卑」之間的差別。跟他們解釋：有些小孩誤認爲所謂忠誠就是：不說他的壞話、保持沉默、或爲護衛他而撒謊。其實這些都是假忠誠，眞正的忠誠，如果朋友做了錯事，會設法要他承認，如果他不幹，就告訴別人。如果你兩者都不做，朋友很可能會愈陷愈深，到頭來惹上嚴重的麻煩。

故事

藉故事讓孩子對忠誠與可靠性的情景有更進一步的了解。爲小學年齡的孩子編故事最容易了，在這一個月中，你可用你自編的故事來充作床頭故事，適用的題材有：

一、間諜故事——有人是不忠的出賣者。

二、運動故事——接力賽的隊員，由於個人的活動弄得已精疲力盡，不過仍然賣力地與賽，因爲他忠於團隊。

三、收穫故事——很用心從不間斷地爲花園澆水的小孩，花開得很茂盛。

建築的比喻

以此來讓小孩子領悟到：做好分內事是忠誠的關鍵。要他們想想看：要一百個人來砌一堵需要一萬塊磚的牆，每人需砌多少塊磚？如果這一百個人中只有十個人肯出力，那每人要砌多少塊？重點是使他們明白：當團體中每一個人都忠誠，事情就好辦了，也愉快而公平多了。

忠誠與可靠獎

跟過去我們所討論過的給獎方式同樣，當然問的是：「在過去這一週內誰有表現忠誠的經驗？（可靠的表現？）不但發給獎狀（獎牌、錦旗），而且口頭上大大地鼓勵讚美一番——藉認知做到此德行的孩子而鼓勵大家，你自己也要以身作則，也要參與比賽。」

不同的報償

孩子的可靠性要鼓勵，而當孩子不必你的提醒就能做好分內事時報償要提高。

規定孩子擔任的家務事附帶以零用錢作報償，不過，事先說明有兩種給法：㈠不必提醒就自動做好，報償高（零用錢多）。不過，如果忘記了，就什麼也得不到了。㈡報償低些，不過，如果經過提醒再去做仍然可得。讓他們每週作選擇。

§教青少年期的孩子

三段討論

拓廣孩子對這兩個詞的了解，建立其願意身體力行的意念。

一、重溫在前面提出過的相似詞、相反詞遊戲，並加以討論，以使該詞彙的定義牢植於孩子的腦海。

二、然後討論可靠性與忠誠之間的不同——兩者有很多相似重疊之點，不過，可靠性特別強調「做答應做的事」。忠誠除了也包含了可靠性之外，還有支持、服務、貢獻等。

三、問他們：實踐這兩種德行應注意些什麼？可靠性：不要承諾做不到的事，或承諾太多以致沒法實踐。忠誠：首先，付出忠誠時先要審愼考慮。不要對太多人、事付出忠誠，把最深的忠誠留給最重視、最愛的。其次，不要把忠誠與不背叛混爲一談。（參閱前面「眞假忠誠之討論」）

列單

這可使孩子注意到他們希望付出忠誠的是誰？是什麼？還有，哪些事他們願意做到可靠。和孩子一起共同訂定出付出忠誠之對象（家人、學校、教會、朋友、國家等）也訂定願意做到可靠的事。（家務事、功課、音樂練習……）

推論

從研究個案中使青少年看出可靠的遠程影響。譬如：吉姆爭取到教會劇團的一個角色，規定每星期二、四晚上排練，他忙著做功課忘記了，錯過了一段重要排練。討論一下：誰會受到影響？其他演員（由於他的缺席而沒法排練），導演（必須設法變更工作項目），觀衆（可能因之看不到夠水準的演出）……。自己想想看還有沒有別的實例。

討論真正的友誼

簡述一下可靠性與忠誠這價值觀，問他們：什麼樣的朋友最值得交？最應具備的德行是什麼？要他們想想看。還有沒有比忠誠與可靠性更重要的。

第八個月　尊敬

對生命、財物、父母、長者、自然、及別人的權利與信仰的尊重，舉止適度、態度有禮，自尊而避免自我批判。

——有一天的報紙上有篇文章，寫的是英國查爾斯王子的兒子威廉，那時他才五歲。文中說，這個將來會繼承王位的小孩雖很獨立，很好動，也很吵鬧，不過，對人也很有禮，很尊敬。總是爲女士開門，稱男士爲「先生」，「請」、「謝謝」不離口。作者說，小王子的父母把教養他成爲「有禮而尊重別人的紳士」列爲第一優先。

「這正是我們所需要的——再多一點尊敬。」我心裡想著，把報紙的文章撕下來，在晚餐桌上講給孩子們聽，而且鄭重宣布：從今天起，我們要再多注意一點禮貌與尊敬。

我問他們尊敬的意義是什麼，而得到了期待的答案：「有禮貌」、「舉止適度」、「幫助別人」。而我十幾歲的女兒所提出的卻遠超過我所期待的，也遠超過我自己所想到的：我覺得小王子稱呼別人「先生」是很好，禮貌是很重要，不過，尊敬並不就等於會用適當的字眼，受到良好訓練，尊敬應該是眞正關心別人的感受。

——理查

尊敬的重要性是衆所皆知的，似乎無須我贅言了，它是很多種價值觀的基本，做到並了解尊敬的孩子會成長爲更好的社會成員、更好的朋友、更好的領袖。

教孩子尊敬很有趣，不過也滿困難的，主要的是要記得尊敬並不是只付出，也應接受。我們必須在跟他們講話或對待他們時表示出對他們的尊重，然後，要求他們也要尊重我們。他們在家中所接受到的尊重將是他們自尊的根本，而所學到的對家人的尊重會是將來在社會上尊重別人的基礎。

§一般性的原則

付出並期待尊敬

在家中營造出適宜的氣氛。我們常常對孩子不像對外人那樣有禮，對待他們好像他們沒權解釋，常常在未經查明就先定了他們的罪，說：「因爲我說這樣」。這態度應該徹底改變，需要時，把他們想像成外人。常說「請」、「對不起」、「謝謝」；徵詢他們同意而不要吩咐他們去做什麼；有什麼事，也要聽聽他們的意見，不一定照辦，不過要尊重。

如果我們這樣做了，就可以要求他們了。要他們弄清楚：尊敬包括語氣、聲音、態度各方面，絕對不應許不禮貌的言行。

稱讚與賞識

不要吝惜你的稱讚與賞識，孩子的尊敬表現會得到鼓勵，並因之加強。下定決心，在本月內要特別注意孩子這方面的表現，在家人面前予以稱讚——並在同一天稍後，私下裡個別地讚美他們。

讓他們有糾正的機會

遇孩子有不尊敬、不禮貌、或忘記了說「謝謝」、「對不起」之類的情形，說：「讓我們重來一次。」讓孩子有機會糾正自己。這方法適用於各種年齡，也適用於你。

以身作則

「榜樣是最好的老師」是千古不變的話。尤其是在本月中，讓自己無時不記得尊敬這事，讓孩子看見、聽見你尊重別人的權利與財產，幫助長者，關心自然，隨時保持有禮的態度，處處從自己的外表、言行表現出自尊。

§教學前年齡的孩子

定義遊戲

藉此使「尊敬」進入孩子的詞彙中，以後使用起來就方便多了。告訴他尊敬的意義就是言行要有禮且隨時注意。然後講述米契這小孩的言行，要他判斷是否合乎這德行。

1. 米契的媽媽叫他把房間整理一下，他大吼道：「不要！」
2. 米契把鄰居花園裡的花採個光光。
3. 米契說：「請原諒。」
4. 當祖父問他：「你好嗎？」時，他注視著祖父回答說：「很好，爺爺。」
5. 他把朋友的玩具丟在院子裡淋雨沒拿回屋內來。
6. 當他拼不好拼圖時，說：「我好笨！」

角色扮演

讓小小孩從這遊戲中了解爲什麼要表示尊敬。玩時，你扮演小孩，小孩扮演別的角色，下面列出的都演一次，然後問他有什麼感覺。

1.當祖父給小孩糖果時，小孩說：「多謝爺爺。」
2.草要枯了（孩子扮演草），因爲孩子踐踏草地。
3.老師在講課，孩子吵得很。
4.在超商結帳的隊伍裡，小孩搶先到一位老太太前面。
5.在坐下吃飯時，孩子代媽媽拉出椅子，然後說：「晚餐眞棒，謝謝媽媽。」
6.孩子在教堂裡吵鬧，旁邊的長者根本聽不見牧師講道。
7.媽媽在和客人講話，孩子一直打斷。

——有一年夏天，很幸運地我們和小孩子一起去大峽谷玩，當我們面對眼前那壯麗的景色時，我們八歲的孩子說：「媽，我們常常說懾人的？這才眞是懾人的呢！」

我們坐在那岩石上好一會兒，談大地的雄偉壯麗，談我們該對大地、自然、及形成這些的力量付出的尊敬。

——琳達

紅記號黑記號

找張紙畫個表，把孩子的名字列於上端，下面是以日期分欄，每當孩子有了不合尊敬的言行就得一個黑記號，有合尊敬的言行就得紅記號，以此來提醒小孩子注意自己的言行，並求改進。

魔術字

其實，也就是幫孩子願意用「請」、「謝謝」、「對不起」這三個字。當孩子爲了達到目的蘑菇你時，問他：想不想學幾個魔術字？然後跟他們解釋：「請」字是使別人願意照做的魔術字，「謝謝」會使別人內心愉悅，而「對不起」，會使對方不發脾氣，有助你交朋友。

§ 教小學年齡的孩子

定義遊戲的延伸

幫孩子藉此了解缺少尊敬會傷人、損物、壞事。從前面學前年齡小孩的定義遊戲中提問題，然後再探討他所說所做的是：對誰不尊敬？這種態度會令人感覺怎樣？

製作尊敬圖表

找張紙，畫個類似左面那樣的圖表：

尊敬圖表

對誰？	如何？
母親	聽話　講話有禮……
自然	
自我	
等等	

要孩子在上面一欄列出他認爲該表示尊敬的人或事物，下面一欄寫出如何有效地表示出尊敬。譬如，在上面一欄列出「母親」之後，在下面一欄內可寫：聽話，感謝她的辛勞，爲她開門、拉椅子，等等；對「自然」，可寫：保護、照顧、維護整潔……，對「自我」，可寫：不要自我貶抑，多想長處等，一項一項地來，儘量想，儘量列出。你也可在旁提醒他，看看能列多長。——是討論，也是計畫。

選出家庭禮貌傳統

這是一種幫孩子培養尊敬價值觀的好方法。利用家人團聚的機會，共同討論表決出三種家庭禮貌上的傳統：先提名，從爲別人開門到看著對方說謝謝，讓大家儘量提出，至少要有五、六項，然後來討論比較其重要性，然後表決。每一成員有三票，結果公布於易見之處。

家庭禁忌

從家人共同的決定，增強對某些不尊敬言行的禁忌。同樣地，家人共同聚集一起，經過提名、討論、表決的程序，選出三種最惡劣的不尊敬行爲，提名中必須包括的有：講話粗魯、罵人、對父母吼叫、不排隊……。選出的禁忌當然不能犯，所以，還要討論犯者應得的處罰（譬如：對父母吼叫，就回自己房間）。

故事

跟孩子講一些可爲榜樣的故事。像下面這位老人所表現出的對妻子的尊敬是令人難以忘懷的：這位已經九十歲了的宗教領袖，在由司機駕車至教堂門前時，他自己下車還需要別人扶持，可是仍堅持繞到車的另一面爲妻子打開車門，並伸出手臂扶她下車，旁觀者看了莫不感動。

§教青少年期的孩子

討論——爲什麼要尊敬？

使青少年期的孩子思考一下這問題，以說反話的方式提出問題：禮貌是不是有點愚蠢？像爲自己能開門的人開門，站起來給人打招呼，講話不加髒字眼……等，爲什麼要保持這種傳統？激孩子挺身而出爲禮貌辯護。

討論——孩子的禮貌也適用於成人嗎？

藉討論讓青少年了解他們在童年所學的禮貌與尊敬同樣適用於成年人，與他共讀下面一段文字：

——關於如何生活、如何做人處事，我所需要知道的大部分在幼稚園裡都學到了，我所學到的是什麼呢？與人分享自己擁有的，公正，不要打人，自己弄亂的東西自己收拾好，不要拿不屬於自己的東西，當你傷到別人時說對不起……。

——Reverend Robert Fulghum

討論這短文：這些簡單的規定是否適用於大人？如果大人們都切實做到了這些小教訓，世界是否會更美好？

自侮錄

讓孩子看出自我貶抑的傷害力，以教其自尊。拿張紙，要他把自己曾經想到的對自己所加的自我貶抑、或侮辱的詞彙記下來。——輕鬆幽默點，以列出你自己曾經講自己的開始，諸如笨、傻瓜、白痴、糊塗蟲……。然後問他：如果朋友這樣講你，你會覺得怎樣？告訴他，我們下意識中對自己的批評可能跟別人這樣批評我們一樣具有殺傷力。

——我們的約拿是個完美主義者，這特性雖然是進步與獨立的動力，卻也使他焦慮、自我批評。從幼稚園起，就常聽見他自言自語地說自己哪裡哪裡不好，在他九歲那年，有一天，我開始把他對自己的否定性的批評記下來，一星期下來，已經有十幾項了，我把單子拿給他看，說：「這裡有些話，是有人講別人被我聽到的，怎麼樣？相當難聽，是不是？如果有人這樣講你，你會怎樣？」

「不曉得吔——可能叫他住嘴。」

「對！我贊成。猜猜看，是誰這樣講誰？」

經我的提示，他終於猜出自己就是講出這些話的人，也是被講的人，接下去，我跟他討論看重自己的重要性。

——理查

個案研究

下面這故事可幫助青少年發覺：快樂跟他們所付出及接受的尊重大有關係。

有一家人由於父親要作研究，全家到國外去停留一年，兩個十幾歲的孩子，也許是由於有點思鄉吧，對身邊的事事物物非常看不慣，變得蔑視、挑剔。他們不喜歡當地狹窄的道路、不同的服飾、潮濕的天氣、奇奇怪怪的商店……。他們兩個在一起談的淨是這類批評與抱怨，跟別人，只要對方聽，一定也講這些。他們的父母一再地告訴他們要成熟懂事些，別這麼愚蠢，如果沒什麼好講的就閉起嘴巴。

這兩個少年爲什麼這麼不快樂？——未付出尊重，而尊重才是通往肯定性的態度與感受的途徑；而他們也未得到尊重——他們的父母並未設法了解他們的感受，只是一味地貶抑。

導向何處？

以這種遊戲讓青少年及小學高年級的孩子看清尊敬與粗魯之間的不同。在紙上作箭頭圖表：以「尊敬」與「粗魯」爲起始，讓孩子想出可導向什麼。如：

尊敬↓和藹↓友善↓了解

粗魯↓自私↓敵人↓憤怒

第九個月　愛

超越忠誠與尊敬而且更深徹的關懷，對朋友、鄰居、甚至敵人的愛心，對家人的一種與生俱來且持續終生的愛的連繫。

——我們最小的孩子名叫博愛，聲音好聽，意義尤佳。——無私的愛！在她的周歲生日將屆時，我們安排了一個和大點的孩子共同討論愛這題目的機會。問題如下：什麼叫愛？什麼使我們愛一個人？爲什麼有人愛心較強？很難的問題？特別是對孩子而言。不，很可能對大人而言特別難，而小孩子卻不覺得難。討論的結果出乎我們的意料，而我們倒像是在跟孩子學了——我們在談的是愛，也就是關心，還有我們怎樣愛那些愛我們，爲我們辛勞的人。十一歲的女兒說：「博愛沒爲我們做任何事，都是我們替她做，可是我們都多麼愛她！」

「可是她也愛我們！」七歲的兒子說了。「從她看你的樣子就知道。」

「而且她從未告訴你該怎樣怎樣，她好像不管你怎樣她都喜歡。」九歲的兒子也有見地。

——理查

這意味著什麼呢？

首先，我們從服務別人而學習愛。

其次，我們從得到無條件的愛而學習愛。

原則是：我們可能不總是愛爲我們服務的人，他們的愛，由於給予的方式而可能寵壞了我們，可能嚇到我們，甚至使我們苦惱；而無條件、了解、全然接納的愛，會毫無保留地溫暖著我們，引發我們的愛。我們可能不一定愛爲我們服務的人，我們卻必會愛那些我們所服務的人。

在本章中所有我們所提供出的方法都著重在給孩子無條件的愛，而且給他們服務的機會。

§一般性的原則

孩子令人不滿的行爲與對他的愛要畫分清楚

一再讓孩子確知你對他們的愛是無條件的，在管教糾正孩子的錯誤時要表明你不喜歡的是他的行爲，而對他的愛不會改變。時而提一提，不管什麼年齡的孩子，而且附帶摟摟拍拍的肢體語言，說：「你放學後遲兩個鐘頭才回來，也不打個電話，我眞的很氣，你現在受處罰是罪有應得，不過，你要清楚，我氣的是你的行爲，對你的愛卻沒改變——永遠不會改變。」

安排服務的機會

從服務中，你和孩子可以一同學習愛，任何服務性質的活動都可以讓內心的愛滋長。把握那種可以全家總動員一起參加的慈善活動，從耶誕節的慈善活動到清掃服務都好，夏季也可安排幫助需要的人的各種活動。

給抱歉與後悔一個機會

讓孩子感覺到你置愛與改進於處罰之上。常常，許多爲孩子好的父母採取了嚴格的「違規就得受處罰」的態度，可是，以悔過代替處罰，往往正是教愛的時機。

教孩子：當他們犯了錯，如果能道歉悔過，常常可以避免受處罰。小小孩用我們在前面提出過的悔過椅，要他們坐到悔過椅上，直到說出自己所犯的錯，而且答應不會再犯。要稱讚孩子的悔過，而且在整個過程中不要忘了瀰漫你家中的愛的氣氛。

§教學前年齡的孩子

教孩子愛他自己及其家人甚於其他是一種可陪他終生的美妙禮物！

家庭中的服務

如果加以適當的教導，即使才三歲的小孩也可以擺碗筷準備吃飯，把自己的玩具收好，幫忙整理床舖等。雖然你自己做起來可能更省事些，還是要他們做，如果父母常宣稱「孩子幫忙使他多快樂」，這些簡單的工作會使孩子體驗到從服務表示愛的快樂。

匿名服務

爲了讓小傢伙們嘗到這種爲善不欲人知的樂趣，和他們商量出一件暗地爲別人做的事：也許是烘焙點心，擺一些在爸爸床頭，或是哥哥姐姐的書桌上，也許是在隔壁老太太門前放一籃水果，也許是寄一雙新拖鞋給外婆，封套上不留回信地址……。

床頭故事

講故事是具體化無條件的愛的好方法，並可以幫孩子分辨出你對他們所做所爲的不滿意與對他們本人的不滿意。下面提供的只是一些提示，根據它們編造你自己的故事，如果願意，編得更像個人經歷。

一、吉姆和朋友從外面回來，他們曾在屋旁空地上玩球，空地上都是污泥，吉姆的新皮鞋已面目全非——你認爲吉姆的媽媽還會愛他嗎？

二、兩歲的阿麗想知道姐姐的洋娃娃會不會游泳，就把它放進馬桶裡試試看，你認爲姐姐還會愛她嗎？

三、湯米看到爸爸書房的壁紙有一小塊掀了起來，他想把小汽車放進去，可是縫隙太小了，於是再撕大一點，你認爲湯米的爸爸會怎樣？還會愛他嗎？

四、吉米的媽媽不讓他去安東尼家，因爲安東尼感冒了，她不希望吉米被感染，吉米再三請求，媽媽仍然不答應，吉米坐在地上大哭大叫，說：「我討厭你！」你想媽媽還愛不愛他？

§教小學年齡的孩子

負起照顧小弟弟小妹妹的責任

這年齡的孩子，你可以藉給以幫忙照顧小弟弟小妹妹的特權而教他們愛。叫他家庭教師，而小弟弟小妹妹是家教學生，告訴他可以怎樣幫忙：吃飯時坐在小寶寶旁邊，幫他切肉、倒牛奶、要他把食物吃完，在動物園裡牽小寶寶的手，照顧他上床……反正，像個小守護神。要有個時限，（譬如說一個月）到期，如果你覺得需要，可以給他一點金錢上的獎賞作酬勞，孩子不但可以從這種服務中學習到愛他所服務的對象，也會由於幫忙做過通常都是你在做的事，而對身爲父母的你更增加一份感激。

寵物

養寵物可能是教孩子愛的另一種好方法。雖然很多母親會被狗呀貓的製造的髒亂、增加的痲煩大呼小叫，可是，毋庸諱言地，從教孩子照顧小動物中，給他的不但是愛的課程，附帶的，也有可靠性與責任的課程呢！

肢體語言

小學年齡的孩子跟學前期一樣地需要父母以肢體動作表示愛心。摟摟抱抱拍拍，不管是離家去上學時，還是就寢前，即使是十幾歲的青少年，儘管不承認，心中還是滿舒貼的。

§教青少年期的孩子

樹立容忍的典範

教孩子以容忍別的生活方式而接納跟自己不同的人，讓他們看清「我們做事的方式」並不是唯一的方式，或許並不是最好的。青少年了解得到過著別的生活方式的人有很多有趣而值得學習、喜愛的事物，同時，跟他談談導致有些人的問題的可能原因與理由。

——當我們的德育中心是愛與容忍的那月中，我們社區的初中正進行「毒品警覺週」，學校裡邀請幾位出身自社會各階層的過來人到校演講，而我們初中一年級的兒子的反應令我們十分滿意。他說：「他們都曾是很好的人，他們所以誤陷毒井，不是由於想冒險嘗試新事物，就是由於生活弄得一塌糊塗，需要逃避。」

——琳達

服務獎

教孩子發現需要幫助者而且伸出援手是重要的一課。有一位父親教孩子顧念並愛別人的方法是：孩子每天放學回來就問：「孩子，今天有沒有幫什麼人的忙？」起初，孩子茫然地看看父親：「沒有。」父親笑笑地把話題轉到別的。這樣過了二十幾天，終於，孩子說：「有！」然後興奮地敍述他怎樣幫一個行動不便的同學到教室。

我們需要讓孩子覺得我們很重視他們的能否從找機會助人而學習愛心，而「以身作則」是千古不變的好方法。

——我們家最受歡迎的「星期獎」就是服務獎。我們要孩子敘述在過去一週內看到有人需要幫助而伸出援手的經驗，最好的可得服務獎。（可懸掛在房間門上的錦旗、獎牌之類）一般情形，小學年齡的孩子最熱中，不過大些的孩子也很樂於自己的事蹟被認同。同時，這獎對兄弟姊妹間的感情提昇也有幫助——如果有誰對誰心存惡感，由於他曾眞心幫助過別人而使觀感變好。

——理查

參與服務性團體

藉此教孩子愛自己與社會。童子軍活動在培養孩子自愛與愛社會這方面是極有功效的，許多社會救援組織也可提供同樣的機會。

——有好些年了，我在一個社區服務機構的理事會中服務，我們那機構有食物儲存站，故我們的孩子有了發放食物給需要者的經驗，因之，當他們看到我帶回家有關非洲飢民的圖片時，會表現出深徹的同情。

不過，他們從這機構的服務中所獲致的最具影響力的經驗，還是和鮑爾先生之間的關係。鮑爾先生已經八十六歲了，沒有子女，沒有妻子，沒有親屬，一個人孤獨地住在一間亂七八糟的屋子裡。我們的機構的工作計畫之一就是與這類孤獨老人建立關係，負責的家庭要去拜訪他們，跟他做朋友。我們負責的就是鮑爾先生。

我們每星期去給他剪草皮、清理廚房，或就是坐著與他談話（其實不如說是聽話，他有太多話要說！）我們的孩子有時一起去，有時只兩個去，而每當他看到我們來到他的門前時，他那滿是皺紋的臉上就會綻開燦爛的笑，眼中噙著淚水！

我們去海外住了半年再回來，發現鮑爾先生的健康情況遠不如前，已經住進一家安養院，我們確知他會想念我們，不過，也許遠不及我們的孩子的想念他——想念那種由於服務與幫助而獲致的溫情與愛。

——理查

個案研究

別人的經驗可以作借鏡，像這些個案可以幫較大的青少年覺察：愛，有時與困難的決定攪纏在一起。下面的個案可供參考，找個適當的時間跟他談談。

一、茱蒂想參加一個聚會，她知道會中會有酒，可能還有毒品。她要和三個朋友一起去參加，其中有兩個，她知道只是對聚會有興趣，不是爲了酒或毒品。她拿不定主意到底去還是不去，要告訴父母多少。——你認爲她該怎樣？

二、約拿大想開家裡的車和朋友去看電影，可是爸爸媽媽要外出，需要車，同時，需要一個臨時褓母照顧小弟弟。約拿大這一週過得很辛苦，覺得實在需要逃到電影院去輕鬆一下。——你說他該怎樣決定？

三、南茜有太多功課，全部做完得熬夜至半夜兩點，同時，她第二天早晨必須六點鐘起床練琴，準備上學，還有，明天要數學考試，需要足夠的睡眠。——她應該怎麼辦？她的父母該怎樣幫助她？

從自己的生活中或過去的經驗中，撿出類似的使人左右爲難而有趣的個案與孩子共同討論——左右爲難的情況可以透過父母子女彼此的溝通，與雙方願意放棄自己的利益來尋出解決之道。

依參與的父母與孩子，解決之道會相當不同，不過，在事情未來臨前，先跟孩子討論各種可能的解決之道必然很有趣。如果父母開明，孩子坦誠，父母子女之間的愛必然會加深。

如果你愛他們，就告訴他們

養成說「我愛你」的習慣。一般說來，青少年期的孩子所作所爲大多是父母看不慣的，看不慣就挑剔，就批評，長久下來，孩子可能記不得我們愛他們了。最好的解決之道就是告訴他們，不是從我們所爲他們做的，而是直截了當告訴他：「我愛你。」當他們上床時，上學時，特別是當他做了什麼讓你快樂、引以爲榮的什麼時。如果你已經很久沒這樣對他說過了，也許會覺得難以出口，不過，還是勉強爲之，你想像不到，不久他們也會這樣對你說了。

第十個月　不自私與感性

多想到別人，少自我中心，常爲別人著想，對別人與各種情況具有同情心、容忍、感同身受。

爲別人著想與同情心的重要性是顯而易見的，不過，通常都認爲是隨成熟而至的——可以教給孩子嗎？

有些孩子天生具有這種特性，不過，很少。絕大部分的孩子，尤其是青少年，大都是「被鏡子圍起來」的自我中心者；事實上，青少年大部分的問題都源自這種強烈的自我中心。

雖然如此，孩子還是可教的，從還小時就可以學了，把不自私、感性當作一種技術、能力，當然也是價值觀般學習。

孩子們還不會從自己的感受設想到別人。他可能今天由於朋友沒請他參加生日宴會而難過，明天玩球時卻對站在場邊孤獨的小孩視若無睹。青少年喜歡借人家的衣服穿，卻不喜歡借給人家，又常常忘記歸還，弄壞了也不修理。使青少年察覺世界並不只是永遠繞著他轉，別人的感受也是相當重要的，而爲別人放棄一些自己也很想要的什麼可以使我們學到很多，這需要父母費點勁，可能得花好長的時間。

——有一天，我們的六歲與九歲的孩子同時下決心坐同一把椅子，互不相讓，都說是先到達的，眼看就要開打了，我不能坐視不管了。當時心中有兩個解決方法：㈠花點時間搞清楚到底誰對。㈡把他們都送上悔過椅。不過，忽然靈機一動，我說：「我倒要看看你們兩個誰是正義之師的領袖，我知道你們都曉得該怎麼解決問題。」過了十五秒沉默時刻，一人讓出了他已搶到的半邊椅子，看到了他所得到的稱讚，另一人又把椅子讓給了前者，如果不是急著要去學校，可能又會有一場到底誰最不自私的脣槍舌劍吧！

——琳達

加強，使不自私的行爲重複出現。

§一般性的原則

稱讚

任何年齡的孩子有任何不自私的行爲、意向、甚至一點點徵象，都要大加稱讚，即使像孩子之間共享所有就値得大事聲張，好好稱讚一番。遇到孩子有與人共享、送東西給人、對別人的需要有感受肯幫忙等表現時，誇讚他，把他抱起來親親摟摟，而且對在場的人說明他剛才所做的。

委以責任

設法讓孩子了解並賞識別人所承受的困難與挑戰。最近哈佛大學作的一份研究報告指出：孩子所受委的責任的多寡與他的不自私，爲別人著想成正比。顯然地，一個父母什麼都給就是沒給責任的孩子，不但會寵壞了而且會喪失關心別人的感受力。

在本月中，重新強調你已分配給孩子的責任，與你期望他表現出的可靠性。利用機會與他討論：別人所負的責任，以及我們該感受到別人所承受的壓力與辛勞。

以身作則

身體力行，把你希望孩子模仿的同情的態度與感性做給他看，讓你更明顯地多傾聽別人，多關心別人。一般父母多傾向指導、管理、質問孩子，試試看，採用「主動傾聽」來聽聽孩子說的。（所謂主動傾聽是讓對方說，間或把他所說的以你自己的話反射回去，表示你了解他所說的，關心他。——他會說得更多！）這種談話方式不但會使孩子告訴你更多，而且也是你希望孩子能具有的感性的好榜樣。

——下面是這種談話方式的實例：

我坐在五歲的珊蒂床邊，問她：「怎麼樣？幼稚園今天好玩嗎？」「很好，爸。」可是她看起來卻不像很快樂的樣子。

「怎麼？有什麼問題？」

「沒，眞的沒有。」

我已累了一天，沒精力再追問下去，我靠在她枕頭上沒再說話。過了沉默的五分鐘之後，我幾乎睡著了，她說話了：「爸，我需要個新朋友。」

父母如何反應子女的需要是非常有趣的，當時，我幾乎脫口而出：「怎麼啦？你的朋友還不夠多嗎？」然後又想到：「是不是有人欺負你？」「要知道，想有朋友你自己得先對人友善。」還有：「我就是你的朋友！」

這些都是典型的反應，我們總是探詢、追問、說教、出主意、或安慰。可是，今晚，也許因爲累了，我沒這樣做，只是說：「我知道了，你覺得你能利用一個新朋友。」

「不錯。爸，你知道，我最好的老朋友阿美今天對我不那麼好了。」

典型的反應又湧入腦際：「她怎麼樣了？」「你對她不好了？」「要不要我打電話給她媽媽，想想辦法？」

可是，我只是主動傾聽下去：「嗯——你喜歡有個新朋友的原因是你的好朋友阿美今天對你不怎麼好。」

「對！在下課時我們一起玩，她不講理……」

長話短說，就那樣，她說了又說，我躺在黑暗中兩手墊在頭後，傾聽著，偶而把她所說的反射回去，珊蒂把事情統統對我說了——她的感受，她的愛好，她對每一樣事的想法……。如果我採用問的方式，她永不可能告訴我這麼多，我也沒法發現眞正的問題所在。

——理查

說對不起

向孩子表示出你的感性，也幫他們對你懷有感性。每當你弄錯了什麼，不公平，或甚至只是由於忙碌或心頭有事，對孩子的需要未予應有的注意，找到孩子，對他說抱歉未能對他的焦慮或需要予以適時的支援與注意。

——十五歲的珊蒂已經三次超過夜歸的時限才回家，我一直在等她，一方面不知她出了什麼事，一方面又爲明天要開會卻得不到足夠的睡眠而焦灼不堪。終於，她回來了，我不但生氣，簡直是怒不可遏！跟往常一樣，尖嘴利舌的珊蒂被我弄哭了，而我毫無愧疚——活該！

第二天，發現她晚歸是由於朋友受了傷，需要幫忙。我到她房裡去向她道歉——很難呢！我說了：「珊蒂，眞對不起，我不知道……」可是，傳統的父母作法佔了上風，我語氣一轉：「可是，你聽說過電話這種東西吧？你可以打個電話給我，免得我焦急……」

珊蒂此時又找回她的利舌，附帶著她的冷嘲熱諷：「是呀！我是怎麼了？爲什麼不對朋友說：『管你流血流死，我得去找電話告訴我老爸！』結果比前一天晚上還糟。」

終於，第三天，我眞正道了歉——同時學到、也教了一些與感性有關的什麼。

——理查

設法告訴孩子有些他們所做的事給你的感覺

這會使孩子更注意到你的感受，更顧念到它們的存在。如果你十幾歲的孩子說你怪裡怪氣的，你就告訴他那使你很難過——孩子有時會認爲父母是那種你可以盡情向他發洩情緒而毫不受損的人。不僅是會傷人的事，正面的同樣也要告訴他。譬如：「看到你自動把東西收拾好，（或幫弟弟做功課）我覺得好快樂。」

記得，不自私不是天生的

在這個月中，你要耐住性子，不要性急。每個人或多或少都有點自私，教孩子不自私是一種需要時間、練習、與某種程度的成熟才能見成果的過程呢！

§教學前年齡的孩子

定時輪流

小小孩在一起玩時，不可免的是同時想玩同一種玩具。花點時間跟他們談，一次一次地談，談與別人分享，要他們留意當他跟別人分享時，別人是怎樣地快樂，哪管是一點點表現，只要是意味著分享，就值得誇讚。

用鬧鐘定時，鬧鐘響，時間到，該另一個孩子玩了。

耶誕贈予

讓孩子保留一些鮮明的有關在耶誕把自己心愛的玩具贈送給貧苦兒童的記憶。設法與一個有跟自己的孩子年齡相仿的孩子的貧苦家庭聯繫，建議（不是強迫）孩子把自己喜愛的玩具拿一兩樣送給那小孩，指出那小孩玩具那麼少，他給他的玩具會讓他多高興。

如果可能，在贈予當時拍照留念，以後的類似活動同樣留下紀錄，讓孩子可以回憶他曾讓那小孩多麼高興，稱讚孩子的不自私行爲，指出付出與接受同樣會讓人快樂——施與者有福了。

身歷其境遊戲

使孩子對從未謀面的人有同情。任何雜誌上都會有一些圖片或廣告，上面有孩子從未見過的人，身處從未處過的境地——男士騎馬在山間馳騁，女孩子展示新裝……。

遊戲包括：看圖，設想圖中人物的感受，可以先從生理方面想，如：看到了什麼，聽到了什麼，是冷還是熱……然後深入到情感層次，大家一起討論，讓孩子們盡情發揮想像力，講出圖中人物的感受及他們自己的觀察。

爲求變化，遊戲也可改變一下玩法：給每一位參與者一張不同的圖片，讓他們觀察後發表演講或寫一篇短文。

你覺得怎樣？

常常這樣說會使小小孩對別人及自己的感覺更加注意。儘量利用「感覺」這字：「對這，你覺得怎樣？」「我感覺……」鼓勵孩子也常常用這字，常常跟孩子談感受。

睡前閒聊

輕鬆的氣氛有利於討論感受，我們曾經談過睡前是一段怎樣適於溝通的時光，可以問孩子各種有趣的問題，現在，在這個月中再加上一項功能——談感受，個人特別的感受。

你自己先開始，敍述你自己對一天中所發生的某些事的感受，讓孩子回應，以問題、鼓勵、及稱讚來促使。不要期望感受會順利流出，必須經過不斷嘗試努力，在頭幾次，就以你自己的發抒爲足，耐心等待孩子的回響。

——關於睡前閒聊最大的問題是我們大人往往比孩子還累。

他感覺怎樣遊戲

把下列的情景描述給孩子聽，然後問後面的問題：

一、珍妮在去幼稚園的娃娃車上，愛彌琍開始講她在星期六要舉行的生日宴會怎樣怎樣。茱麗說她最喜歡小丑了，等不及看他要玩什麼把戲了，朱迪說她喜歡愛彌琍給她的邀請卡，……珍妮發現，全車中只有她未被邀請。——你認爲她的感覺如何？

二、大衛跟吉瑞整個下午在玩小車車，後來，吉瑞提議扮家家酒，要大衛扮小孩，他扮爸爸，大衛叫了起來：「我才不要演小孩，我要當爸爸！」「那，我不要跟你玩了，我要回家了。」吉瑞說。——你認爲大衛會怎麼感覺？

討論以上情況該如何解決。

§教小學年齡的孩子

同情獎

請不要誤會，這不是因同情而給獎，而是由於對別人懷同情而得獎。跟前幾章討論過的方式相同，只是把問話改爲：「這一週同情獎該給誰呢？」而審視回想的是：誰能陳述出自己在過去這一週內曾注意到別人的感受，並由於同情伸出援手或說過安慰的話，——要把實際情況講述出來，如果沒採取行動，至少感知自己所注意到的。

背誦

很多有智慧又善感的人說過有關的名句，而它們是把不自私、感性深植於小學年齡的孩子心中的有力助手。試試看G. K. Chesterton的名句：愛你的鄰人是跳出你自我的樊籠的唯一門徑。

跟孩子討論它的意義，指出並討論何以自私與自我中心是樊籠？

小學高年級的孩子也可以背誦愛默生（Emerson）的：看，人們是怎樣使自己焦慮至無名的墓中，而無私的靈魂卻在忘我中獲致永生。

（你當然也可以從適合我們文化背景的作品中選取你的教材——譯者）

留意遊戲

訓練孩子多看身外事物，以少只顧自己。在旅行或到什麼地方去時，養成玩「留意遊戲」的習慣。在毫無預示的情況下，要他們閉起眼睛，描述他們所身處的環境。也要他們跟你玩。這種對所處環境的注意是訓練同情心與感性的好方法。

看鼻子遊戲

這遊戲使孩子更深入地留意別人的存在，在外出或旅遊，甚至購物辦事時，要孩子注意有多少種不同的鼻子，稍後，要他們發表所看到的最有趣的鼻子。

看聽找需要的遊戲

這是幫助孩子開始留意服務的機會的遊戲。說明這是看鼻子遊戲的延伸，只是這次，我們注意的不是人們的鼻子了，而是人們的需要。告訴他們，人們的需要比鼻子難找多了。所以，我們得用心看，用心聽才能找到：有些人可能只是一點點灰心喪志，需要有人鼓勵一下；或是一點點沒把握，需要有人讚美一兩句；有人可能覺得被摒棄，需要一點點友情；或是一無用處，需要找他幫個忙；或是比較明顯的諸如飢餓的小孩，寂寞的老人等需要。

找一天，在前一天晚上先說明遊戲的玩法：在一天內留意身邊人事物，看看能找到多少「需要」，記下來，晚上大家一起比較討論。

小天使遊戲

幫孩子把注意力關注在另一位家人身上，體驗那種暗中爲別人服務的滿足感。把家人（包括父母）的名字寫在紙條上，每人抽一張，不要公開。在這一週內，扮演該員的小天使，秘密地爲對方做些他能做的：不具名便條、讚美、禮物、修理或整理什麼……週末頒獎給「最佳服務獎」與「最佳保密獎」。

誰的問題

藉此幫助孩子對別的孩子的粗魯殘暴的行爲少反應，而多留意自己勿陷同轍。每當注意到取笑、作弄、或虐待同伴的情事，抓住機會跟孩子們解釋，說，有這種行爲的孩子多是由於自己也被別人這樣對待，或缺少安全感。養成問「你想他爲什麼會這樣？」或「是誰的問題？」的習慣，跟他們共同探索可能性。（可能他的父母對他不好，可能他的哥哥欺負他，可能他在學校裡表現不好，需要以比較大比較壯來證明自己的能耐……）要以感性、同情的態度來討論。

自己創造

鼓勵孩子以自己的作品來表達他們自己獨特的感受。像有什麼人生日、母親節、或問候病人等，不到店裡去買現成的卡片，而鼓勵孩子自己製作，寫上自己想出的字句或詩，來表達自己獨特的感受，同時也是創作的練習呢！要稱讚他們的努力與嘗試。

形容詞遊戲

這遊戲可幫孩子確切地表達自己的感受，增強其詞彙能力。全家共同編列，想到了就寫下來，先從最常用最基本的寫起，譬如：快樂、難過、生氣、挫折、困窘、……然後再找那些特殊而有趣的，像：陰沉、神經質、激動、不知所措、興高采烈……。

至少列出一百種，說明豐富的詞彙可以幫助我們斷定我們的感受，也幫我們能確切地表現出來，把列好的單子張貼出來，要家人在想到別的字眼時填寫上去。

§教青少年期的孩子

日記與寫詩

以此幫助孩子表達自我，並探索、加深其感性。規定孩子寫日記，你自己也要寫，鼓勵他們抒發內心的感受，教他們在日記裡常用「我覺得……」。讓寫詩成爲你家的家常事，如果你自己也寫，又鼓勵他們寫，只要有嘗試就會得到稱讚，他們會喜歡的。詩是表達感受的工具，也是教我們感受的老師，偉大的教師。

——我們有在琳達生日時寫詩給她的傳統，而這些詩作往往比任何其他禮物都受到珍視，下面是從我們的「生日詩集」中擇出的幾首：

您總是在那兒

——賽倫　十七歲

記得——
躺在水床上，
望著天花板上的裂縫，
滾燙的腦際迴繞著久遠的樂章。
我是那麼渺小，
而您，
總是在那兒！
從腳踏車上跌下，

殘忍的石子擦傷我的皮膚，
可是，您，
總是在那兒！
我灰心、沮喪、孤獨，
可是，您，
永遠在那裡！
我遲回家，遲起床，
我反駁您說的每一件事，
我趕不上校車，
我幾乎從不說謝謝，
可是，您，我親愛的媽媽，
總是，永遠在那兒！

她是誰？

她是誰？
如此和藹可親，
總是幫這也幫那；
她是誰？
照顧教養九個小孩，
把家收拾得整齊清潔，
又很少發脾氣；
噢！這是我親愛的媽媽，
如此平和溫柔可親，
我愛她，
她是我親愛的媽媽。

——約西　十四歲

——其實，不只青少年可以寫，下面一首是七歲的挪亞寫的：

媽媽，
你甜蜜如糖果，
美麗如花朵，
柔軟如椅墊，
可親如聖誕老公公，
啊！媽媽，生日快樂！

鏡子——窗之教訓

爲了幫助孩子了解領會自我中心與爲人著想之間的差異，找塊只能從一面透視的玻璃（從一面看是鏡子，從另一面看可以透視），如果找不到，普通玻璃也行，背景如果是黑暗的，玻璃就有鏡子的效果了——你看到的就是你自己，如果背面是光亮，你可以看過去，看到別的人與物，而不是你自己。

向孩子解說：人生有點像這樣子——當我們內心幽暗，以自我爲中心，我們的心目中就只有自己，想的盡是繞著「什麼對我最有益？」「那對我會有什麼影響？」「這人對我有什麼好處？」……打轉，在這種情況下，生活絕不會快樂，而且總是神經過敏。可是，當我們放鬆自己，也注意一下別人，聽聽別人的感受與遭遇，想想別人的需要，就會不那麼重視自己，也就不再爲自己焦慮，一天到晚被神經過敏搞得慘兮兮了。

每天最優先的三件事

幫助孩子養成習慣，每天早晨花五分鐘時間爲即將開始的一天訂下三項簡單的目標，以使青少年期的孩子能夠有效地訂定行事曆，並跳出只爲個人打算的小心地，同時也會爲身外的人事物設想打算，三件事是：

一、課業的（重要的考試、家庭作業……）

二、個人的（好好吃飯、運動、充分的休息……）

三、幫助別人（幫助弟弟妹妹、對不受歡迎的同學好、讚美某人……）

這構想是爲了使孩子每天靜下來想想該做些什麼，單單問這三個問題（爲課業，爲自己，爲別人）就會使孩子的心思跳越心中的焦慮與不安全感，而每天在這三方面做一件重要的事，會給你這當父母的很多稱讚他，鼓勵他的機會。

遊戲

這種先聽再複述再添加感受的遊戲可以幫助孩子傾聽與詮敘的能力。告訴他們，這種遊戲開始時的聽力訓練只是了解別人的感受的起步，你必須專心地聽、了解之後，設身處地想像對方的感受。

遊戲的玩法：家中一員敍述其當天所遇到的一件事，另一人複述之，力求生動逼眞，如同親身經歷，然後說出他認爲當事人可能的感受。

譬如：十二歲的吉姆問十歲的派特：「今天發生了什麼事？」派特說：「我們今天考數學，本來我以爲滿容易的，可是老師都是從我沒溫習的那一章出題！」

吉姆說：「你以爲自己已經準備好了——事實上，你的確準備了——可是大部分題目都是從你沒準備的那一章出的，相信你一定很沮喪，說不定很氣老師，氣他跟你作對，氣他沒告訴你們要考那一章。」

你想像不到孩子多喜歡這遊戲，一旦得到要領，他們會自動跟兄弟姐妹或同伴玩的。

要培養孩子的眞正對人關心，這是相當有效的方法！

故意漏一餐

如此使孩子從體驗而更加認識所謂「設法感受別人的需要」。八歲以後，孩子都能承受至少少吃一頓的禁食了，告訴他們這可能是他們所能體驗的最基礎、最有意義的同情課了。跟他討論飢餓的感覺，跟他談談如果像現今世界上約三分之一的孩童常常一連幾天沒食物吃，每天晚上空著肚子上床，又該是怎樣一種感覺。

如果你能把這一頓絕食所省出的錢拿去幫助沒飯吃的人，教育意義更強。有的家庭經由某些國際組織認養第三世界的孩子，把禁食節省的錢寄出，收到由於他們的捐助而免於飢饉的孩子的信與照片。

孩子了解了並賞識這省一餐救助飢餓者的構想，他們會感受到生理上的同情，所謂感同身受，而這種感受是導向像情感上、社會上、甚至精神上等更深入層面的同情的好開端。當你在談飢餓時，也問問他們能否想像得出那些沒有朋友，或父母不關心的孩子會感覺怎樣。

認養未開發國家中的孩子

這可使孩子有機會爲身處遙遠國度而且非常不一樣的別人服務。另一種使善行不必回報的方式是不具名幫助需要者。很多機構提供這樣的機會，譬如每個月很少一點錢，認養一個需要的孩子——提供生活費或教育費。

你可以絕對匿名，只與負責機構聯繫，不跟受益者直接打交道；不過，跟受助的孩子通通信對你的孩子是很有意義的，所以，不妨以半匿名的方式認養。

第十一個月　仁慈與友善

知道仁慈與友善比倔强、强硬更值得讚美。遇事先求了解，不對抗；態度和善，特別是對待弱小者；有交朋友並維持友誼的能力；樂於助人，保持愉悅。

仁慈與友善是重要的價值觀，它具有像感性中的同情，勇氣中的勇敢等成分，不過，並不完全相同。有些地方又像是「平和」的延伸——在「平和」中，我們教孩子不要傷人，要避免衝突，在這裡，我們教的是更積極的：交友之道，對人友愛、和善，行止有禮。

友善與仁慈也適用於自己，學會對自己容忍和善的孩子長大後會比較不緊張、更放鬆、更泰然。

基於助人與儘量不傷害人的友善是一種奧妙的德行，常常，一個簡單的仁慈舉動或一兩個友善的字眼會改變對方的態度與情緒。

在教孩子這價值觀時，我們會再次覺察到：孩子不是可任我們塑造的泥塊，而是如有適度的陽光、水與養分就會發芽、茁壯、綻放的種籽。

——雖然我和理查現在可說已略有綻放，孩童時期卻都是羞澀的孩子，而我們的孩子也大多有此傾向，正體驗著不同程度的那種由羞怯而有的難受困窘——我仍然記得清楚，那種連正眼看一下別人都是難事的感覺，那種總是爲沒有朋友或朋友是否會友善而焦慮的痛苦況味。我發現，把這種經驗告訴孩子，告訴他們這些都是正常而自然的，非常有幫助，孩子們覺察到他們的羞怯是正常的時，就不再那麼爲此焦慮，隨之，羞怯也會減輕。

——琳達

——我一個朋友告訴我的正可說明父母可以從和氣、友善地對待自己的孩子而改善親子間的關係：

他下班回家，鑽進他私人的浴室，浴室裡，五歲的魯魯正在洗刷，手中拿著已倒空了的清潔劑罐，浴盆中浮著泡沫的水正溢流到地面，浸濕了地毯。他第一個反應就是跟多數父母般的那樣大吼：「魯魯！你用了太多肥皀了！把地毯都弄壞了……」

可是，那天他心情很好，對魯魯懷有無限柔情，他說的是：「魯魯，你在清洗爹地的浴盆？」

魯魯垂下頭，說：「可是，我用了太多肥皀！」

事情以親熱溫馨的擁抱收場。

如果爸爸說的是：「你用了太多肥皀了，」女兒可能傷心而懷恨地說：「可是我在清洗你的浴盆！」事情可能演變成不愉快、距離拉遠的結局。——**理查**

有時，我們不必告訴孩子他哪裡做錯了，他們自己已經知道了，如果我們和善而溫柔地對他，他會說我們要說的，而氣氛會成爲溫馨，感覺會是親密愉悅的。

§一般性的原則

以身作則

隨時注意，以身為友善、仁慈、有禮貌的榜樣，這是種永遠不會過分的德行，在這月份，你更要特別友善、特別有禮，對每一個人，也包括你的孩子。「謝謝」、「請」、「對不起」要不離口。揀好的說，而更要實踐日常生活中的禮儀，從開門時為後面的人拉住門，為女士拉椅子開車門，到以正規的方式擺碗筷，甚至幫孩子做他們的分內家務事，要常露笑容。

觀察孩子的反應：起初他們也許會覺得你在假裝，或以為你在演戲，不過，待他們知道你是當眞的，也會不自覺地學你的榜樣了。

立「和善禮貌」約

這可使你家在本月中營造出特別和善溫馨的氣氛。在月初，全家聚集一起，討論和善與溫柔可如何使世界變得愉悅，要求孩子參與此協約，向他們解釋協約包含兩項要做的，兩項不要做的：

一、有禮貌，常說「請」、「謝謝」與「對不起」，並找機會表現更廣層面的禮貌。

二、問好時要面露笑容，並眞摯地傾聽對方的回答。

三、不要對人吼叫或提高聲音講話，或批評別人。

四、不要批評別人，也不要說自己「太笨」、「什麼也做不對」等。

決定孩子在這方面的立足點

確知你在教孩子此價値觀所面對的挑戰。對需要者施惠並得到感激的快樂是無與倫比的，不過，仁慈與友善行起來要比說起來難得多。有的孩子以假裝受歡迎表現出他們的缺少安全感，可是，以甚於殘忍的方式來欺壓別的孩子；有的孩子畏縮於暴力之下，又極端羞怯，鎮日爲沒人喜歡他而苦惱；也有的適應得很好，並很自然地以友善的態度對待周遭的人。設法了解孩子究竟站在何處，以便知道該從何處著手，而不管他站在哪裡，總有改進的空間。

鼓勵孩子在和人講話時直視對方眼睛

這種我們在勇氣篇中曾提出過的方法也可用來幫助孩子傳達興趣與友善。我們有兩個最怕羞的孩子，這種眼光接觸幾乎是不可能的事，很可能在出生前就下定決心非絕對必要不要跟大人（非親屬、朋友）講話！對這樣的孩子，在必須與外人接觸前先作此練習是非常有助的。練習時，你充當他將接觸的人，要他直視你的眼，說類似「你好嗎？」「很高興見到你。」之類的話（可視情形編你們的對話）；如果要接觸的是小孩子，可以要家中別的孩子扮演對象。

鼓勵孩子的朋友來家裡玩

雖然這會使家裡增添額外的吵嚷與混亂，卻是值得的，你可以觀察到孩子與朋友接觸的情形，可以旁聽到他們的談話（別顯得像在偷聽），從而了解他們的交友方式，進而幫助你的孩子怎樣交友。

教孩子也要重視親屬關係

每隔些日子花點時間重申交朋友的重要性，同時引伸到：朋友的確重要，不過，一個人最好的朋友還是家中的成員（兄弟姐妹、父母）。兒時的朋友會隨著成長而隱退，家中的成員卻會伴你終生，這種友誼也該蓄意培養、關注。你可以試試看，當孩子起了爭吵，以絕對不會對待朋友的態度吼叫、怒罵時，要被吼被罵者說：「朋友。」——會使對方態度緩和下來，並開始以對待朋友的方式相對了呢！當然，並不是立即見效，至少可使對方警覺到自己的態度。（父母對孩子態度不夠和氣或孩子對父母不禮貌時也管用。）你甚至可以建議另一個在場的孩子有責任走到被吼被罵的孩子身旁，手搭在他肩上，說：「不要對我們的朋友這樣子講話。」

讚美獎

爲鼓勵孩子找出朋友的優點並予以讚美，我們設有讚美獎。跟其他獎同樣地，找一個大家可以坐下來談的時間，讓孩子追憶曾經給朋友的讚美，最好的就是得獎者。藉此引起有關如何注意別人的優點並給予誠摯的讚美的討論。也談論讚美可能給予受讚者的影響。

§教學前年齡的孩子

魔術字

藉講故事激起孩子用客氣字眼。講含有魔術字的故事給他聽，然後問他世上有沒有這種字——可以使好夢成眞的字眼。

答案是有。「請」、「謝謝」、「對不起」、「不客氣」可以使人們臉上綻開笑容，使他們感到愉快，使世界運作得圓滿。多解釋幾次，使孩子能了解你會給他的提醒：記得用魔術字。

醜魚遊戲

這是種可以幫助小小孩開始了解仁慈能改變對方的本質。把孩子放在茶几、或椅子、沙發上，要他們想像那是一艘船，而你是條在水中游來游去的醜魚。你咬住他，咆哮著說：「我是條醜魚，我很壞，我誰也不喜歡。」鼓勵孩子說類似：「你並不醜呀！」「你看起來滿好呀！」的話，然後，立刻在他面前變了樣子，你面露笑容，安靜了下來，說：「是嗎？噢——眞抱歉咬了你。」

然後要孩子說你很醜，你又變回原來的樣子，當他們好好對待你時，你又變好。跟他講，人就像醜魚，你對他好，他就好，你對他壞，他就壞。

座右銘

找一句與友善有關的座右銘，要孩子記起來，你可用來提醒、指導。譬如華德狄斯耐的影片Bambi中，那巨人就有一句非常適用的話：如果你不能講Thumper的好話，就什麼也別講。

如果可能，帶孩子去觀賞該電影，如有錄影帶，租回家看更理想，要小孩子記住這句話，並向他們解釋：不友善的字句實在無容身之地——保持沉默還好些，最好是找些友善的話講講。

每當有情況發生，問：「Thumper的座右銘是什麼？」要他複述一遍，並告訴他你希望他照著做。

故事——真正的英雄

這故事可幫助小小孩考慮「友善、仁慈比倔強、強硬好得多」這事實。下面寫的只是故事的梗概，以你自己的話引述之，可盡情發揮。

——從前，有兩個小孩，住在叫做「任何地方」的地方，他們一起長大，一人長得魁梧高大，身體強壯，具有超人的力量，大家都叫他「有力者」。另一個非常仁慈友善，不過，沒有超人的力量，大家叫他「有禮者」。

有一年，一群外星人乘了太空船從遙遠的銀河來到「任何地方」，要求見「任何地方」的領袖，人們把他們帶到「有力者」跟前，「有力者」心想他們一定是壞人，就決定以他的力量來制服他們，可是，外星人的力量比他的更強，結果，外星人把「有力者」綁了起來，說：「這不可能是你們的領袖，帶我們去見你們眞正的領袖。」

這次，他們見到了「有禮者」，「有禮者」非常友善地接待他們，問他們有什麼地方需要他幫忙的。他們謝了他，並說，他們是宇宙中「友善部隊」派遣來，他們的任務是要把喜歡戰爭的人帶回去受審，不過，對已經懂得友善與禮貌的人卻只是給以懇摯的禮讚與祝福。

要孩子選個施惠的對象

爲了使小孩能體驗到給予的快樂，要他選擇一個對象，可以是他的好朋友，也可以是鄰居的老人，或是……，送給他一盤點心或一束花或什麼別的東西。

仁慈遊戲

玩這種遊戲可以教孩子仁慈的定義。下面所提出的只是一種範例，你要自己編寫更多更適合你的小孩的。

以「我要講一些小孩的行爲，你看看他們是仁慈呢？還是不仁慈？」作開場白。

一、提米被邀至羅伯家玩，可是半個鐘頭之後，他說：「我很討厭跟你一起玩，我要去彼得家了。」——仁慈？還是不仁慈？爲什麼？

二、莎蘿正在跟珍一起玩，忽然說：「珍，你的頭髮眞的很漂亮呢！」——仁慈？不仁慈？爲什麼？

§教小學年齡的孩子

冰釋獎

鼓勵孩子開頭講話，交新朋友。跟前面所講過的方式雷同，找個時間跟孩子坐下來，鼓勵他們回想這一週來有過什麼：自我介紹、開頭講話、交了新朋友等等，給予稱讚和鼓勵，把獎給最難能可貴者。

給紳士下定義

幫助孩子，特別是男孩，接受以有禮爲行爲目標。問他們「爲什麼演講開端都說各位女士各位紳士？」「什麼是紳士？什麼是女士？」告訴他們，禮貌總是尊敬與可親的標誌，英文中的紳士是以「溫柔」開頭的，爲什麼？男士應該溫柔嗎？溫柔又有禮合男子氣概嗎？告訴他們，所有偉人都是溫柔又有禮的，因爲他們希望助人，不願傷人。

講強調溫柔常與力量同在的故事給他聽。（譬如聖經中的參森，兒童故事中的「溫柔的巨人」等）。

「捉眼光」比賽

給孩子練習眼光接觸這友誼藝術的機會。當你帶孩子到什麼地方去，特別是人多的公共場所，要孩子比賽看誰能抓住最多的眼光。方法是：看一個人直到他回看你，而待你抓住他的眼光時，笑一笑。計算時把也回笑的與不回笑的分開，回笑的得兩分，只回看不回笑的得一分。

——我帶著三個孩子（九歲、十一歲、十二歲）在購物商場，第一次，我們做起「抓眼光比賽」，遊戲競爭相當激烈，結果每人都得了一百多分。在回家途中，一個說：「好奇怪，好多人在你抓住他的眼光時馬上掉轉頭去。」另一個說：「那些不回看你的人，遠不如那些回看又微笑的人有趣。」

——理查

背誦

教給他下面這字句：口服心不服，還是不服。告訴他們，有輸有贏與兩者皆贏的差別，在爭辯或衝突中，你的贏會使另一人輸並不是好事，友善仁慈的人通常會找到使兩者都滿意的解決之道。

友誼表

使孩子在本月中集中注意力在友誼與交新朋友上。找一張大的空白紙，把家中每一成員的名字列在上面，每人把新認識的人的姓名寫在自己名下，不只是知道名字，還得至少了解一點對方的有關事宜。

你也要參與，藉此拓展你自己的交友與交談技巧。

連鎖信函

幫孩子了解「連鎖信函」所含的友善與仁慈的性質。如果你的孩子已經參與這種活動，提示他：一封信可以引伸出這麼多封！告訴他：友善是類似的，你對一個人好，他也會對別人好。連鎖信就是依此而設計，以引起連鎖的反應。

教孩子如何應付殘暴

雖然說作弄、不友善、欺負等情事在任何年齡都有，在小學階段好像最常見。有兩個可以使孩子應對起來較容易的觀念：首先，殘暴的孩子幾乎無例外地多是缺乏安全感，多身受家庭方面或認知方面的問題，殘暴實際上是他本身的問題。如果受欺負者太重視所受的欺負，問題就成為他的了。其次，問題通常都可以解決：如果孩子肯和父母講，單單講講就是大幫助，而如果能夠把感受對欺負他的孩子講講（雖然就一個小學五、六年級的孩子來說相當難）也有幫助。特別困難嚴重的情形，需要父母和孩子一起去，找對方的父母與孩子談談，雖然不管是父母還是孩子都會覺得難堪，見見面可能情形會大為改善。

——我們的約瑟在十歲時曾有段時間被班上幾個孩子作弄得不想上學，其中有兩個男孩是該幫的頭頭，取笑的主要原因是約瑟不喜歡運動。我們幫他想辦法應對，告訴他應該怎樣說，鼓勵他不要理他們，可是都沒用，他們好像已吃定了他，情形愈來愈糟。那一對雙胞胎已不只是作弄了，推他，罵他，叫他小雞，激他跟他們打架……。

我終於決定要去見見他們的父母了，約瑟極力反對，非常痛苦，不過，我還是說服了他，和我一起去了那兩個孩子的家——果然不出所料，從家庭與父母的狀況得到了答案：父親是個有威武軍人氣魄的男子，兩個兒子很可能正以他爲榜樣。不過，對我們所關切的問題倒很了解，而且有善意的回應：要兩個兒子向約瑟道歉，而在我和父親談話時，三個人待在一起。

幾天之後，我稱讚了約瑟能夠跟我一起去的勇氣，並一起談論那兩個孩子何以會那樣子。

——理查

雖然不願意承認，但有時候我們的孩子也可能讓別的孩子不好受，遇到這種情況，我們可能覺察問題不是我們教他這樣，而是教他們仁慈、善感教得不夠，也未好好教導他們體察別人的感受有多脆弱。在內疚之餘，我們總是以現在開始教還不晚來安慰自己。

——有一星期，我發現我們五年級的孩子對他的一個朋友不友善，這孩子的父母都上班，要很晚才回來，這段時間他就待在我們家。一天，他說：「我不要和阿瑞玩這麼多時間了，因爲如果人們看到我跟他在一起這麼多時間，可能認爲我不受歡迎。」他若有其事地，以他五年級孩子的方式說。接下來是長長的有關仁慈與友善的討論，結束後，我覺得我和他都變聰明了些，也成熟了些。

——琳達

教孩子尋覓那些受冷落者

這會打開他們的視野，看到友善與愛之機會。雖然就一個小學年齡的孩子而言，可能不夠成熟難以做到，不過，引起他們對被冷落的孩子予以注意，並鼓勵其設法邀約參加是極爲重要的。一天晚上，我們問孩子有沒有同學被冷落或受作弄，很輕易地，他們舉出好幾個來，我們鼓勵他們第二天做點什麼並晚上回來報告。事情發展得不但溫馨感人，有幾個受冷落者變成了好朋友。

§教青少年期的孩子

請朋友來家裡吃飯

雖然很麻煩，卻是教孩子禮貌、儀容、舉止及友善的好機會。邀請友善有修養的人們，預先與孩子演練餐桌禮儀，也包括介紹方式、眼光接觸等。

記名字

鼓勵孩子記初認識者的名字是個好主意。跟孩子討論名字的重要性，而記得對方的名字是交友的重要竅門。教給孩子記名字的技巧：一是當你初識一個人時，在談話中用幾次，譬如：「喬埃司，眞高興認識你。」「你住哪裡，喬埃司？」「喬埃司，你哥哥在哪工作？」另一是儘快把名字記下來，到獨處時再看一次，與相貌對一對，你必定會記起來，至少記一陣子。

微笑、問、聽

孩子們在小時候過馬路有三個要訣：停、看、聽。而「微笑、問、聽」即是使他們友善並得人緣的竅門。向他們解釋每個字：微笑可以使給予的人與接受的人都心情愉快；問題可以打開話匣子，並使對方覺得你對他感興趣；而專心地聽使你了解對方並顯得關心。

以「微笑、問、聽」爲你家這月份中的座右銘，利用每一個機會和孩子談論這椿事。

從歷史學習

簡短的討論就能幫青少年賞識禮貌與禮儀。利用吃晚飯或一同駕車去什麼地方的途中，問他們我們爲什麼按照我們做事的方式行事——如：爲什麼製造汽車、飛機？爲什麼要有交通規則、速度限制？爲什麼食物的營養要均衡？……把談話導入必定會以「因爲有效」的模式，在確立了「遵循過去行之有效的方式行事遠比從嘗試錯誤中行事好」的概念後，提出關鍵問題：「我們爲什麼要講究禮貌與禮儀？」——因爲大家發現這種行爲模式對大家都好！

什麼叫成熟？

告訴他們，成熟開始於：「能從窗口看事物而不再是從鏡中」。這可以幫助孩子注意到自私與同情的問題。

——當我在讀高中時，有一個比我大一歲的女孩令我非常心儀，她比我大一歲這事實使我們未能成爲要好的朋友，不過，從旁觀察得越久，越使我喜歡她。她不像一般同年齡的女孩，總是爲男孩子是否喜歡她、或是別人會怎麼想等問題煩惱，而總是善待別人，尤其是對那些不是被當作取笑對象就是被冷落在一旁的女孩。每次跟她談話她都會讚美我兩句，並詢問我的生活，而很少談及自己，她好像永遠對別人感興趣，總是讓在場者都參與談話。她並不是學校裡最漂亮或最時髦的女孩，可是，每個人都喜歡她，當選過學生團體的主席及「最可能成功者」。——雖然她常常爲對手助選。

——**琳達**

我們常常把這故事講給孩子們聽，講到他們感覺到也認識她了。重點是：當我們能夠從生活之窗看別人的需要，而不只是讓事物像從鏡中反射回來那樣只看到自己，生命就變得更有安全感而成熟了。

提醒他們：要想得到一個朋友，自己必須先是一個朋友

這可使他們注意到朋友的存在與朋友的需要。體貼的動作，像拿客冰淇淋給剛拔了智齒的朋友，或在朋友過生日、畢業、得獎等重大日子前夕，送束花給他，都會是畢生難忘的時刻。

教他們：三人行必有我師，即使他們都是壞蛋

這可以打開他們的胸襟，不要拒跟他們不同類的人於千里之外。十幾歲的孩子常抱持「只能與同類」交友的態度——他們將錯失多少！

——朋友的女兒克莉在聽了一次家庭教育課之後，開始和一個自認爲「搖滾女郎」的女孩談起話，是那種穿黑衣、把頭髮染得五顏六色的女孩，她發現這女孩滿健談的。關係維持下去，一星期之後，克莉的朋友都勸她：「你幹麼跟她一起混？

想想看，你身爲啦啦隊的隊長，你不怕壞了形象？她有什麼地方吸引你？我們都避之唯恐不及，眞爲你擔心！」

克莉告訴她的朋友們她在這一週內所得知的：那女孩在十一歲時親眼看到自己的叔叔把父親射殺，母親酗酒，她每天放學回家面對的是一個亂糟糟又空寂的家。克莉知道那女孩之所以這樣穿著只是由於內心的渴望被人注意，而克莉的朋友由之對那女孩也產生了同情，及容忍。

——琳達

第十二個月　公正與憐憫

遵守規定，工作與遊戲中的公正，了解收穫的自然後果與法則，心懷憐憫與寬恕，了解懷恨在心的無益與痛苦。

公正與憐憫，好像太抽象、太宗教化，孩子很難領會，不過，如果把它們分開，卻是家居生活中的基礎價值觀——與每樣事物都有牽連。

——在一次爲我們的書作宣傳的旅行中，主辦單位爲我們安排一場現場回答觀眾問題的電視節目，雖然我們曾參加過不少次這類節目，這次的觀眾卻給我們一種不太一樣的感覺。不久，我明白了不同處是什麼了。

主持人首先問我們教養孩子最基礎的是什麼？我們的答案是：最重要的或許是

在孩子還小時就立下規矩（不要太多，幾條就好），讓孩子有所遵循，讓他們知道怎樣做才合乎父母的期望，從而建立起公正與公平的意識。

出乎意料之外地，觀衆中有人不同意，有位母親舉手發言說，她想都沒想過要處罰她的兒子，問題是他已長得比她高大了，他可能會反擊。與這些觀衆相處的那個鐘頭相當有趣，他們具體化了一個沒有規矩、公正與憐憫的家庭將會產生怎樣的情況。

——琳達

有公正與公平的家庭中同時存在著安全感與團結，這些起始自明確的家規，並輔佐以悔改與歉意。當然，要前後一致地公平處理。

——或許，我們所談的關於家庭中的公平與憐憫該說是我們的大女兒教給我們的——在她七歲時，我們想到訂定家規，採用民主的方式，也讓她與五歲的妹妹提出建議，結果是長達二十四條的規定。

一天，七歲的她從主日學回來，說：「我覺得我們的家規太多了，我連一半也記不得，而上帝卻只給我們十條律法！我們得簡化簡化。」

於是我們加以簡化，簡化到五條每個孩子都能了解的規矩，並有相關的自然後果處罰方式（後面會提到）。我們覺得自己已在教孩子公正這價值觀了。

三年以後，我們的大女兒已經十歲了，她提醒我們那項需要與公正並行的原則。也是一個星期日剛從主日學回來，她的一個弟弟在路上發脾氣把妹妹推倒了。我們正要執行「送他回房間」的處罰，她注意到弟弟的臉上現出悔恨之情，於是說：「爸，你知道，當一個人感到難過，想要致歉，並保證不再犯，就不該受處罰，在聖經上叫悔改。」

——理查

當然，女兒是正確的，使悔改的理由之一就是不處罰，同時從悔改中往往比從處罰中獲得更多。現在，我們家的五條家規都附有悔改的條款，如此，常常給予我們機會學習生命中最難學，也可能是最重要的技巧——悔改（也就是改進），與寬恕。

這價值觀跟我們的幸福生活有著密不可分的重要性與先決性。學會遵守規定、對人公正、而且能悔改並寬恕，大多能避免痛恨、懷恨、與罪惡感，還有那種由於不懂、未能實踐公正與憐憫這價值觀而生的身體上與精神上的禁錮。

§一般性的原則

訂定簡易的家規

這可以幫助孩子知道行爲的界限以及大人所期望於他的是什麼。訂定家規最好分兩個階段，第一階段，先向孩子解釋訂定家規的重要，如政府有法律處罰偷竊、欺騙、傷害等罪行，有交通規則等，家庭裡也需要規定來規範每個人的行爲使大家過得更快樂。然後，要孩子提供意見，把他們的建議記下來。告訴他們你們（父母）要研究研究，然後再召開第二次家庭會議。

在已決定家規內容後，把內容寫在紙上，開第二次會時同孩子解釋。

我們建議下面五項簡單易懂易記的規定：

一、平和　不打人、打架、吼叫、哭鬧……。

二、木樁　每個孩子有一塊可以插木樁的板，每個人有四根木樁，一根代表家務事，一根代表家庭作業，一根代表練習（如學音樂什麼的），一根代表晚間例行活動（按時上床、刷牙、整理房間等）規定是每天四根樁都要插好。

三、請求准許　未得允許不要到任何地方去，不要約朋友來家……。

四、整齊　房間整齊、自己弄亂的要收拾好。

五、服從　做父母所吩咐的。

解釋爲何以上的規定可使家人快樂。

建立獎懲辦法

遵守規定者有獎，違犯者受罰，是基礎的因果觀念，也是基本的公平。獎懲要分項給以發零用錢的方式，懲罰即是沒有零用錢，要依孩子的年齡與需要定獎金額。得獎者可不吝稱讚，受懲者只是不予注意就好。

有些規定違犯了也需要特定的處罰，處罰要盡可能接近自然後果式的，下面是幾個建議與實例：

一、平和　如前面我們曾提出的，設「悔過凳」，當孩子爭吵或打架時坐上去，直到說出自己的錯（不是別人的）。

二、請求允許　如果孩子未請求允許就做了什麼，或去什麼地方，下次再有什麼要求時，不管合不合理，都不答應，以提醒注意。

三、整齊　有的家庭把孩子亂丟的東西撿到他床上，那他就非收拾不行了。

四、服從　規定：當你要孩子做什麼時，說「請」，而他的反應應該是「是的，媽媽。」或「是的，爸爸。」如果他不順從，或忘了反應的字眼，說：「讓我們再來一次。」把要求再說一遍，而且強調「請」字，如果他仍然不順從，不說「是的，媽媽。」或「是的，爸爸。」叫他回到他自己的房間去。

加以悔改條款

這是教孩子請求原諒與原諒別人的好機會，在家規建立之後，除了獎懲辦法之外，也加上悔改條款。告訴孩子悔改包括三部分：㈠爲做了某行爲表示難過。㈡請求原諒。㈢承諾永不再犯。

盡可能以悔改方式而不用懲罰

如果孩子表示悔改，就不要他們坐悔過椅，如果他們爲自己的不順從而表示難過並立即予以改正，就不必關房間。

以身作則

表現出公正與憐憫也是你的價值觀，而且正努力做到悔改與寬恕。當你對孩子弄錯了什麼、發脾氣、未盡到應盡的責任等時，明確地向孩子道歉，並要求原諒。

公正而前後一致，不過，也溫柔而心懷憐憫

也是要以身作則。不容不合要求、該受處罰的行爲逃過，而且要前後一致。不過，不要以有過必罰的公正爲唯一目標，總是先給悔改、寬恕一個機會，只有在不得已時才處罰。（必要時表現出你的遺憾。）

§教學前年齡的孩子

輪流

以此培養公正的觀念。兩歲（甚至以前）的孩子多能了解「輪流」這字眼的意

義。幫助他們在玩玩具時輪流玩，最好用鬧鐘定時間，時間到，玩具給另一個，每當孩子交出玩具時，稱讚他，並幫他注意時間，要另一個把玩具交給他。時間長度要一樣，告訴孩子這樣才公平。

共同玩

幫孩子了解：如果他們懂得友善一點，共同玩一樣玩具會更有趣。待孩子已學會了輪流玩，可以告訴他們：有時兩個人共同玩一樣玩具比個別玩更有趣。譬如玩球，一個人玩只能拍、丟，兩個人卻可以玩接球；譬如玩娃娃，一個人只能抱著或只是個人安排，兩個人玩卻可以玩家家酒……盡可能想出例證說明。

簡單的座右銘

對幫較大的學前兒童，這方法可以使他們長久保持分享——關心——公正的心態。（在英文中這三個字是押韻的，其實在兒童英語如此普遍的今日，就教以英文也並非是不可能——譯者）告訴他們這三個唸起來很順口的字可以使每個人都快樂，——fair care share——向他們解釋每個字的意義，教他們唸，要他們背下來，每當需要時，或隔一段時間就要他們唸一遍。

管教

教順從與公正需要與你的管教方法密切配合，父母必須自己決定其管教的方式，不過，下面的原則應該有用：

一、管教孩子應私下裡，不要在公衆場合。

二、孩子有重複受注意的行爲的傾向，所以，要點是多注意他的好行爲，對好行爲予以公開、誇張的稱讚，對錯誤只處以自動性的處罰。

三、讓孩子了解要他們遵守的規定的理由，而要他們遵守規定是順從規定，而不是順從人。

四、孩子在前後一致，可以預期的規矩下，會有安全感。

五、管教應視爲教眞理的方式。

六、處罰只有在犯規時才執行。當孩子犯了規定的範疇之外的錯誤，單單自然後果的處罰就夠了。（譬如孩子不穿外套，感冒了，就不需要再處罰了。）

§教小學年齡的孩子

種點什麼

以栽種來教收穫。以此建立起一種譬喻，一種例證，使你能一再提起公正以及因果關係的原則。如果可能，經營片小花園，否則單單在盆子裡養一棵植物也行。讓孩子負責一種或一棵植物，告訴他，澆水、拔草好好照顧，它就會長高、長壯，如果不管它，就會枯萎而死。你可以提醒他、幫助他，不過，主要是要他自動自發，使耕耘的自然法則顯現效果。

然後利用此經驗指明：世間有項自然公正的法則，而且可以用來解釋別的事物——如果我們仁慈、善待別人，別人會回報：如果我們小心使用東西，使用的時間就會久長；如果我們忽略別人，別人也不會善待我們，也不會帶給我們任何快樂或幸福。

另一種挑戰

激勵孩子們彼此以公正爲挑戰主題。口訣依然是押韻的英文：I dare you to share and to care and to be fair。要孩子把這口訣記起來，告訴他們這種挑戰比起他們的朋友所謂的挑戰要難得多，解釋字句的意義，多舉例說明。在本月中多說說這口訣。

公正與寬恕獎

獎勵最能代表這兩項德行的行爲。讓孩子回想過去這一週內曾經做過的有關公正與寬恕的行爲：和別人分享，讓別人先走，與別人輪流……，或向人請求寬恕或寬恕別人……。依情節輕重給獎。信基督教者可以「基督會怎麼做？」命名，並鼓勵他們養成習慣，遇事先問自己「基督會怎麼做？」

太陽與雲的遊戲

讓孩子了解他們的快樂與否決定於自己的悔改與寬恕的能力。用硬紙剪一個黃色的太陽，一朵黑色的烏雲，再找兩個小人（布娃娃，塑膠娃娃，木頭小人……都可以），以「比利」與「愛德」名之。把比利與愛德放在地板上或桌子上，你說出下列中任一情況，要孩子依其行爲是會導致快樂還是憂傷而把太陽或烏雲蓋在他頭上。

㈠一個同學對愛德惡作劇，愛德很生氣，一直想找機會擺平。

㈡比利打開姐姐的抽屜拿了幾枝鉛筆，後來覺得很難過，把鉛筆還給姐姐並說對不起。

㈢愛德被同學丟過來的球從背後擊中，當時很痛，也很氣，不一會兒就不痛了，他知道同學不是故意的，告訴同學他沒什麼。

㈣比利把媽媽的靴子留在院子裡被狗咬壞了，沒有人知道是誰把靴子留在院子裡的，於是他悶聲不響誰也不告訴，不悔改，不認錯。

㈤自己編更多。

故事——比較史密司與喬司兩家

使孩子願意有家規遵循。

在大紙上畫（或讓孩子自己畫）兩幢並排而立的房子，以此圖作爲講故事的教材，故事大概如下：

「在這幢房子裡住著史密司一家，家裡有父母和兩個小孩，男孩叫史提夫，女孩叫蘇：他們家沒有家規，孩子們不必按時吃飯與睡覺，不必把玩具收好，不必聽爸爸媽媽的話，看電視可以愛看多久就看多久。在這幢房子裡呢——指另一幢房子——住著喬司一家，他們家的小孩一個叫吉米，一個叫珍妮，他們家有家規，孩子都知道不按規矩來會受到處罰。

「現在，讓我們想像一下，在史密司家是怎樣一種情形？史提夫與蘇的房間簡直是豬圈。蘇在看電視，功課還沒做，明天在學校裡老師問她問題她一定答不出來；而史提夫正在院子裡隔著籬笆和朋友玩，媽媽叫吃晚飯也不理，現在晚飯都冷了，他臉上還有因和蘇爭玩具被抓的傷痕——他們甚至連不准打架的規矩都沒。

「再來看看喬司家，吉米與珍妮的衣物都放得整整齊齊，全家正在圍桌享用晚餐，吉米與珍妮在飯前已把功課做好，因爲這些都是規定好的，而晚飯後，吉米與珍妮將痛痛快快地玩或看電視，不必顧慮功課沒做完什麼的。」

把故事情節與你自己的孩子的行爲配合起來，然後與孩子共同討論以下面提示爲藍本的問題：有家規好還是不好？家規使我們快樂還是難過？你喜歡過史密司家那種生活嗎？大人應不應該守家規？你知道哪些國家的法律？我們的社區有哪些規定？我們家有哪些規定？這些規定怎樣使我們快樂？

角色互易

以此幫孩子能從你的角度、你從他們的角度來看事物。遇有爲某事發生不服從的情形，冷靜一下，然後要孩子充當你，你充當孩子，讓孩子了解他爲什麼要你（孩子）做這事，然後遊戲開始。

要做一個有說服性的孩子，好好扮演，使你的「父母」向你解釋何以要你服從。

有的孩子很會扮演，有的不太行，不過，都能學會這技巧，而且通常都很有幫助。

水中的食物染料

一滴有色的汁液滴在水中，可以說明心中貯存的一點怨恨可以怎樣使我們整個人變得悲悽難過。

——我們七歲與九歲大的兒子有一陣子著迷於玩食物染料——把牛奶變成藍色，蛋變成綠色，眞是其樂無窮。不幸的是，他們也在別的事物上實驗這種染色遊戲。

在我們推行寬恕與憐憫這價值觀的月份裡，有一個由於朋友講了一句不好的話懷恨在心好久不忘。我拿了一杯清水告訴他們這代表他們無邪快樂的心，然後滴了一滴紅色的食物染料到水中，我們一起看著整杯水漸漸變成粉紅色。然後我們談：一點怨恨會怎樣使我們整個人不好過，我們以毒藥作譬喻，又談到寬恕。——**理查**

§教青少年期的孩子

介紹有關文學作品

譬如美國著名小說家路易斯的「那爾尼亞編年史」，即是這類作品中最切合需要的，常常，十二歲以上的孩子，一開頭就欲罷不能了。

故事

鼓勵青少年一有問題立即想法解決，馬上糾正自己的錯誤。

從前，有個叫奧爾加的婦人犯了一項嚴重的罪行，她的朋友海爾加告訴她趕快到山中聖人那裡請教贖罪的方法。海爾加是個自以爲什麼都對的饒舌婦，她陪奧爾加一起到了聖人面前。

聖人叫奧爾加到花園裡去搬回最大的石塊，而待奧爾加順從地出去之後，聖人又叫海爾加拿個袋子去把所有的小石頭撿回來，海爾加很不情願，不過，還是去了。

不一會兒，兩個婦人都回來了：奧爾加吃力地搬著她的大石塊，海爾加提著她的裝滿小石頭的袋子。聖人說了：「現在讓我來教你們悔改——奧爾加，把大石頭搬回去，放在原來的地方；海爾加，也把你的小石塊拿回去，放回原地，一塊一塊地放，不可弄混了。」

討論一下：爲什麼小錯誤需要馬上糾正？

在倫敦時，我們帶我們青少年期的孩子去觀賞根據法國大文豪雨果寫的悲慘世界所編的歌劇，故事主題是公正與憐憫的衝突：一個受了牧師的同情與憐憫而感化的罪犯，成爲社會的貢獻者，助人、施捨處處爲善，可是已成爲警察的過去的獄卒卻只知道公正執法，一直窮追不捨。

在回家的途中，十三歲的兒子發表了使這歌劇除了音樂的震撼與感動外，另具有更值得觀賞的價值的感言：「第一次我了解到沒有憐憫與寬恕的公正與律法是如此的可怕。」

討論——接受公正，施與憐憫

這會使年齡較長的青少年看淸兩種價值觀的重要性與兩者之間的關係。找個適宜的時間，問他們公正與憐憫他們寧願接受何者？試把討論導向於你與他們可共同了解到：公正是我們都得準備接受的，因爲公正遲早會來臨的，它是收穫的法則，也是因果的法則。

討論過公正之後，再談憐憫。向他們解釋，我們一方面應該接受公正，也應設法施與憐憫。不要念念不忘要別人爲錯誤付出代價，不要懷恨在心，不要肩負芒刺，因爲這種傾向會使我們心存報復，使我們整個心靈受到毒害，從而影響到我們對事物的看法。

提醒青少年期的孩子，我們通常都沒有資格論斷人，所以最好還是設法了解並寬恕，而不要怪罪。講述聖經中刺與樑木的故事（當一個人自己眼中有樑木時，不能去除別人眼中的刺），還有「只有沒罪的人才能丟石頭」的訓誡，把這些與「住在玻璃房中的人不能丟石頭」的諺語聯起來教孩子下面這道理：既然我們沒人是完美無缺的，就得設法了解並原諒別人的不完美。

簡介「家庭基地」

前所未有的，愈來愈多的美國人感到教養子女是個值得重視、研究、並應列爲第一優先的重要問題。問題並不只是如何在這樣一個困難的世界裡養育並教育子女，還有如何在孩子、工作、與個人的需要中取得平衡。愈來愈多的父母認知教養孩子的工作不能丟給運氣或直覺了事，而成功的父母仰賴於明確的目標、集思廣益而得的方法，以及前後一致的知識與構想。

琳達與理查·愛爾夫婦可能比別的父母更把握住了這項挑戰：他們育有九個子女，從自己的經驗中理出教養的最佳過程，使自己成爲幫助天下爲人父母者的導師；「教孩子正確的價值觀」是他們的第五本世界性的著作，他們到處演講、主持有關教養子女的電視節目，並在很多電視臺上與觀衆面對面談論問題。

愛爾夫婦所組織的國際性父母協會，名爲「家庭基地」，出版每月通訊，分送一種在家中教養學前兒童的計畫：「教孩子愉悅」；一種輔佐小學教育的：「教孩子責任感」；還有父母處理青少年問題的：「教孩子感性」；以及爲有壓力的父母設計的：「生活平衡」。

國家圖書館出版品預行編目資料

教孩子正確的價值觀 /琳達. 愛爾，理查. 愛爾著
枳 園譯. -- 二版. -- 臺北市 ： 大地,
2001〔民 90〕
面； 公分. --(教育叢書：1)
譯自：Teaching your children values
ISBN 957-8290-32-2 (平裝).

1. 道德-教育 2. 兒童-教育 3. 親職-教育

528.5 89019704

教孩子正確的價值觀

教育叢書 01

著　　者：琳達與查理・愛爾
創 辦 人：姚宜瑛
發 行 人：吳錫清
主　　編：陳玟玟
法律顧問：余淑杏律師

出 版 者：大地出版社
社　　址：台北市內湖區環山路三段 26 號 1 樓
劃撥帳號：0019252－9(戶名：大地出版社)
電　　話：(02) 2627－7749
傳　　真：(02) 2627－0895
e－mail　：vastplai@ms45.hinet.net

印 刷 者：久裕印刷股份有限公司
初　　版：1995 年 1 月
二版二刷：2003年12月　(1,000本)
訂　　價：220 元
Printed in Taiwan